알아야 챙기는

건강보험상식

이 용 교

인간과 복지

차례

조금 특별한 급여

노인과 저소득층 지원

건강보험료와 피부양자

관련 복지제도 활용

머리말

대한민국은 '민주공화국'이고, '복지국가'를 지향합니다. 헌법 제34조 제1항은 '모든 국민은 인간다운 생활을 할 권리를 가진다', 제2항은 '국가는 사회보장·사회복지의 증진에 노력할 의무를 진다'고 규정되어 있습니다.

모든 한국인은 인간다운 생활을 할 권리를 갖고, 국가는 사회보장·사회복지를 통해 이를 구현할 의무를 지닌다는 헌법은 점차 실현되고 있습니다. 사회복지는 고아, 독거노인, 과부, 홀아비와 같이 가족 보호를 받기 어려운 사람을 위한 선별적 사업으로 시작되었지만 모든 국민을 위한 보편적 제도로 정립되고 있습니다.

국가 '보건·복지·노동'예산(2021년 기준)은 200조 원으로 전체 본예산의 35.8%이고 국방비의 3.8배입니다. 7세 미만 모든 아동이 받는 아동수당, 소득인정액 하위 70% 노인이 받는 기초연금 예산이 기초생활보장 생계급여 예산보다 훨씬 많습니다.

필자는 1980년부터 사회복지학을 공부하고, 35년 동안 대학에서 강의하면서 '시민과 함께 꿈꾸는 복지공동체'를 지향했습니다. 사회복지학도와 사회복지사를 포함한 모든 국민이 알아야 할 사회복지학을 구상하였습니다. 이를 위해 수년간 매주 '복지상식'을 '광주드림'에 기고하고, 이를 묶어서 '알아야 챙기는 복지상식' 등을 발간하였습니다. 이 책은 출판 당시 알라딘에서 팔린 1만 여종 복지 책 중 '정확도순' 1위를 하였습니다.

이에 모든 국민이 '복지제도'를 상식으로 알고 활용할 수 있도록 '복지상식 총서'를 개발하고자 합니다. 온 국민이 두루 활용하는 국민연금상식, 건강보험상식, 기초생활보장상식, 주거복지상식 등을 발간할 예정입니다.

첫 번째 책이 '국민연금상식'이었습니다. 일부 국민은 기금이 고갈될지 모른다는 의구심을 갖고 국민연금에 가입하길 꺼려합니다. 하지만, 국민연금은 18세 이상 국민이 하루라도 빨리 가입하고, 하루라도 길게 가입하며, 한 푼이라도 많이 낼 때 이익입니다. 국민연금의 기금이 고갈될 우려가 있으면 정부는 보험료를 인상하고 보험급여를 낮출 것입니다. 일찍 가입한 사람은 적은 보험료로 더 많은 연금을 탈 수 있기에 이익입니다.

두 번째 책은 '알아야 챙기는 건강보험상식'입니다. 모든 국민은 건강보험에 가입할 수 있습니다. 의료급여를 받는 사람을 제외한 대부분의 국민은 건강보험에 가입합니다. 직장인은 직장에서, 나머지 국민은 지역에서 가입합니다. 건강보험에 가입하면 20세 이상은 누구든지 일반건강검진을 무상으로 받고, 병원과 약국 등에서 요양급여를 받을 수 있습니다. 소득과 재산 수준에 따라 건강보험료를 내면 차별없이 급여를 받을 수 있습니다. 국민건강보험공단은 노인과 저소득층의 의료비를 경감시켜주고, 암 등 중증질환과 희귀질환자에 대한 지원을 늘리고 있습니다.

'알아야 챙기는 건강보험상식'은 국민의 입장에서 건강보험을 잘 활용하는 방법을 다루고 있습니다. 모든 국민이 이 책을 읽고 건강보험을 잘 활용하고, 의료급여, 긴급복지, 재난적 의료비 지원 등 관련 제도도 잘 이용하기 바랍니다.

이 책은 대한의료사회복지사협회 광주전남지부 황복순 회장(전남대학교 병원 재직)의 꼼꼼한 조언, 내가 만드는 복지국가의 보건의료팀장인 김종명 가정의학과 전문의의 검독, 인간과복지 이명묵 대표의 헌신으로 출판되었습니다. 거듭 감사드립니다. 모든 국민이 이 책을 읽고 배워서 남 주는 사람이 되길 빕니다.

2021년 7월

이용교

건강보험의 급여는 이렇게 되어 있습니다

건강보험의 급여는 '가입자 및 피부양자의 질병과 부상에 대한 예방, 진단, 치료, 재활, 출산, 사망 및 건강증진에 대하여 법령이 정하는 바에 따라 현물 또는 현금의 형태로 제공하는 서비스'를 말합니다.

건강보험은 현물급여가 중심

건강보험에 가입한 사람이나 그 피부양자(주로 가족)는 대부분 현물급여를 받고, 일부 현금급여를 받을 수 있습니다. 현물급여는 요양급여, 건강검진입니다.

요양급여는 입원진료, 외래진료, 약국으로 나누어 볼 수 있습니다. 어떤 병의원에서 진료를 받느냐에 따라 진료수가가 다르고, 진료비 중 보험처리 되는 비율이 다르기에 이용자는 잘 활용하는 것이 좋습니다.

입원진료는 요양급여비용 총액의 80%를 건강보험공단이 보험처리하고 20%를 본인이 부담합니다. 하지만, 컴퓨터 단층 촬영(CT), 자기공명영상(MRI), 양전자 방출 단층촬영(PET) 등 보건복지부장관이 정하는 의료장비는 본인이 전액 부담하는 경우도 있습니다. 복지부는 치료목적상 꼭 필요한 경우(질병에 따라 사용 회수에 제한)에는 CT, MRI 등도 보험급여에 포함시키지만, 예방 목적의 검사일 때에는 본인이 검사비를 부담하도록 합니다. 입원시 식비는 50%는 보험처리 됩니다.

최근 암 등 4대 중증질환자에 대한 입원비의 자부담이 20%에서 5%로 낮아졌고, 15세 이하 아동의 입원비의 자부담도 5%로 낮아져 환자와 가족의 부담이 덜어졌습니다. 임신과 출산 그리고 영아에 대한 지원도 많이 늘었습니다.

외래진료는 요양기관 종류에 따라 달라

외래진료는 요양기관 종류와 소재지에 따라 달라집니다. 의원은 진료비의 70%, 병원은 60%, 종합병원은 50%, 상급종합병원은 40%를 보험 처리하고, 나머지는 본인이 부담합니다.

상급종합병원(흔히 대학병원)은 모든 지역에서 일반환자 진찰료 총액+(요양급여비용 총액-진찰료총액)×60/100를 본인이 부담하고, 나머지를 보험으로 처리합니다. 다만, 임신부 외래진료의 경우에는 요양급여비용 총액의 40/100, 1세 미만 영유아 외래진료의 경우에는 요양급여비용 총액의 20/100을 본인에게 부과합니다.

상급종합병원에서 약을 먹을 경우에는 예외환자 진찰료 총액+(요양급여비용 총액-약값 총액-진찰료 총액)×60/100+약값 총액×30/100을 본인이 부담합니다.

종합병원의 외래진료시 본인부담금은 동 지역 일반환자 요양급여비용 총액×50/100입니다. 임신부 외래진료의 경우에는 30/100, 1세 미만 영유아 외래진료의 경우에는 15/100를 본인이 부담하고 나머지를 보험처리합니다.

병원, 치과병원, 한방병원, 요양병원은 동지역 일반환자 요양급여비용 총액×40/100(임신부 외래진료의 경우에는 20/100, 1세 미만 영유아 외래진료의 경우에는 10/100)입니다.

종합병원, 병원이 군 지역에 있는 경우에는 외래진료비의 5%를 추가로 보험처리하고 본인부담금을 5%를 낮추어줍니다. 따라서 환자가 군 지역에 있는 병원이나 종합병원을 통원하면 본인부담금이 도시 지역보다는 5% 포인트 낮아집니다.

의원, 치과의원, 한의원, 보건의료원은 모든 지역 일반환자 요양급여비용 총액×30/100(임신부 외래진료의 경우에는 10/100, 1세 미만 영유아 외래진료의 경우에는 5/100)입니다.

보건소, 보건지소, 보건진료소의 경우 모든 지역 요양급여비용 총액×30/100입니다.

다만, 의원과 보건소 등에서 요양급여를 받는 사람이 65세 이상이면서 해당 요양급여비용 총액이 보건복지부령으로 정하는 금액을 넘지 않으면 부령으로 정하는 금액을 본인일부부담금으로 합니다.

단골 의원을 이용하는 것이 좋음

요양취급기관의 종류에 따라 외래 진료시 부담방식을 상당히 복잡합니다만, 의원과 보건소는 수가가 저렴하고 본인부담비율이 낮습니다. 큰 질병이 아닌 경우에 의원을 이용하면 보험처리되는 비율이 높기에 환자에게 이익입니다. 질병이 경미할 경우에는 집에서 가까운 의원을 이용하고, 불가피한 경우에는 병원, 종합병원, 상급종합병원 순으로 이용하는 것이 좋습니다.

약국은 전체 약값의 70%를 보험처리하고 나머지 30%를 본인이 부담합니다. 약값도 야간(오후 6시 이후)에는 할증이 붙기에 낮에 약국을 방문하는 것이 좋습니다.

현금급여도 있음

현금급여는 요양비, 장애인보장구, 본인부담금 상한제, 임신·출산 진료비가 있습니다. 요양비, 본인부담금 상한제는 가입자와 피부양자 모두 받을 수 있는데, 장애인보장구는 가입자와 피부양자 중 장애인복지법에 의해 등록된 장애인, 임신·출산 진료비는 임산부만 받을 수 있습니다.

요양비는 당뇨병환자 소모성 재료 구입비, 인공호흡기치료 서비스, 자가도뇨 소모성 재료, 산소치료 서비스, 복막관류액 및 자동복막투석 소모성 재료, 기침유발기 대여료 등이 있습니다. 등록된 환자가 지정된 서비스를 지원받을 수 있습니다. 예컨대, 인공호흡기 급여대상자로 등록된 환자가 의사의 처방전에 따라 공단에 등록된 업소에서 인공호흡기치료 서비스를 받을 수 있습니다.

장애인보장구는 장애의 유형에 따라 받을 수 있는 보장구의 종류와 적정한 가격이 지정되어 있습니다. 당사자가 더 비싼 보장구를 살 때에는 지정된 금액만 받을 수 있습니다.

암 검진서 치료까지 '지원' 받을 수 있습니다

한국인의 사망원인 1위는 암입니다. 암은 완치율이 낮고 치료비도 많이 들기에 공포의 질병이지만 조기에 발견하면 치료율이 높아집니다. 국가는 암을 조기에 발견하여 효과적으로 치료하기 위해 '암조기검진사업'을 실시하고 있습니다.

의료급여 수급권자와 건강보험가입자와 피부양자 중 보험료 기준 하위 50%에 해당되는 사람은 6대 암 검진을 무상으로 받을 수 있습니다. 보험료 상위 50%에 해당되는 사람도 자궁경부암, 대장암검진은 무상이고, 위암, 간암, 유방암, 폐암검진은 10% 본인부담금을 내면 됩니다.

암, 조기검진을 무상으로 받음

무상 혹은 본인부담금 10%만으로 검진 받을 수 있는 것은 6대 암입니다. 자궁경부암은 20세 이상 여성이 2년에, 위암은 40세 이상이 2년에, 유방암은 40세 이상 여성이 2년에, 간암은 40세 이상으로 간경변증이나 B형 간염바이러스 항원 또는 C형 간염바이러스 항체 양성으로 확인된 사람이 6

개월에, 대장암은 50세 이상이 1년에, 폐암은 만 54세~74세로 매일 한 갑씩 30년간 담배를 피운 사람이 2년에 한 번씩 받을 수 있습니다. 태어난 해를 기준으로 홀수는 홀수 해에, 짝수는 짝수 해에 검진을 받으면 됩니다. 기간을 놓치면 다음 해에 검진을 받을 수도 있습니다. 건강보험료 상위 50%인 사람도 암검진비의 90%를 보험처리 받기에 암검진을 받는 것이 좋습니다.

암검진은 전국 암검진기관(병원) 중 본인이 선택해서 받을 수 있습니다. 검진기관에 예약하면 편리하고, 검진을 하기 전날 저녁 9시 이후에 금식을 해야 합니다. 대장암 대상자는 전날에 대변을 깨끗한 비닐봉지에 콩알만큼 담기 바랍니다. 전날 금식을 하여 당일에 대변을 보기 어렵기에 미리 준비하는 것이 좋습니다.

암환자, 보건소에 등록

조직검사 결과 암환자로 확진된 경우에는 조기에 치료를 받는 것이 좋습니다. 암환자로 등록하면 건강보험 요양급여에 대한 본인부담금을 낮추어 주고, 암치료비 지원사업과 재가암 관리사업을 받을 수도 있기에 살고 있는 지역의 보건소에 암환자로 등록하는 것이 좋습니다.

암치료비지원사업 등을 받기 위해서는 진단서, 건강보험료 납입확인서(건강보험가입자와 폐암환자), 통장사본, 건강보험증(혹은 의료급여 수급증) 사본, 치료비 영수증 등을 보건소에 제출해야 합니다. 암환자가 사망하였다면 사망진단서, 호적등본 등을 추가로 제출하면 사망 시점까지 치료비를 지원받을 수 있습니다.

암·희귀난치질환 등록자는 입원·외래·약국을 불문하고 등록일부터 5년간 본인부담금을 경감받습니다. 등록 암환자는 총진료비의 5%만 환자가 부담하고, 미등록시에는 외래시 총진료비의 20%를 본인이 부담해야 합니다. 암환자는 보건소에 등록만 해도 진료비를 획기적으로 줄일 수 있습니다.

다만, 건강보험으로 처리된 진료비에 대한 본인부담금이 5%이고, 비급여 항목에 대해서는 전액 본인이 부담해야 하기에 가급적 건강보험으로 요양급여를 받는 것이 부담을 줄일 수 있습니다.

암환자 치료비를 받을 수 있음

국가 암조기검진 대상자와 암치료비 지원 대상자 중 건강보험료 부과액이 지역·직장 가입자의 하위 50%에 해당되는 사람은 국가로부터 암치료비를 지원받을 수 있습니다.

암치료비 지원범위와 지원한도액은 치료비 중 법정 본인부담금에 대해 연간 200만 원까지 지원받을 수 있습니다. 대상 질병은 위암(C16), 유방암(C50), 자궁경부암(C53), 간암(C22), 대장암(C18~C20) 등입니다.

의료급여 수급자가 암에 걸린 경우에는 6대 암을 포함하여 모든 암에 대한 치료비를 지원받을 수 있습니다. 지원 금액은 치료비 중 본인부담금 연간 120만 원까지와 비급여 항목도 연간 100만 원까지 연속 최대 3년간 지원받을 수 있습니다. 특히 폐암환자는 의료급여 수급자와 건강보험 가입자 중 하위 50%에 대하여 연간 1인당 본인부담금 120만 원과 비급여 본인 부담금 100만 원까지 지원받을 수 있습니다.

암환자, 간병 부담을 줄일 수 있음

보건소에 등록된 암환자는 환자와 가족에게 필요한 각종 정보와 서비스를 받을 수 있습니다. 암환자는 병원에 입원하거나 집에서 생활하던 필요한 정보와 서비스를 보건소에서 받는 것이 좋습니다. 암환자와 가족이 받을 수 있는 것은 방문건강서비스가 대표적입니다. 기본간호, 암으로 인한 증상과 통증조절을 위한 정보 제공 및 교육, 안부콜 등 환자가족 지원, 암 관련 정보제공, 암치료비 지원 팀 연계, 복지서비스 연계 등을 받을 수 있습니다. 재가암환자는 보건소가 운영하는 건강강좌(질환·영양·운동), 원예치료, 야외활동 등에 참여할 수 있고, 차량봉사 등 자원봉사를 받거나 암 예방교육 등을 받을 수 있습니다.

암, 조기에 진단받고 치료해야

암은 초기에 특징적인 증상이 잘 나타나지 않아서 방치되는 경우가 많습니다. 암발생율이 높아지는 40세 이후가 되면 국가암조기검진사업에 적극 참여하여 암에 대한 공포에서 벗어나기 바랍니다. 암검진은 신뢰할만한 병원을 지정하여 주기적(대체로 2년)으로 꾸준히 하는 것이 좋습니다. 암검진비에 대한 건강보험의 지원은 90%까지 확대되었고, 의료급여 수급자와 건강보험료 하위 50%에 해당자는 무상이므로 꼭 검진을 받기 바랍니다.

암환자가 되면 보건소에 등록하여 본인부담금을 크게 경감받고, 건강보험료 기준 하위 50%에 해당되는 사람은 연간 200만 원(연속 최대 3년간)

까지 본인부담금을 지원받을 수 있기에 빨리 등록해야 합니다. 국가의 지원은 건강보험으로 처리된 진료비에 한하기에 건강보험으로 치료를 받는 것이 좋습니다.

암환자에 대한 지원이 늘어나더라도 예방만큼 좋은 것은 없습니다. 흡연은 폐암을 비롯하여 많은 암의 원인이 되고, 과도한 음주와 스트레스, 비만도 암을 불러일으킵니다. 금연, 금주, 스트레스관리, 운동을 통한 체중관리는 암예방에 큰 도움을 줍니다. 신선한 채소와 과일에는 암을 퇴치하는 성분이 들어있습니다. 브로콜리, 양배추 같은 채소는 항암효과가 있고, 버섯은 면역력 증강에 큰 도움을 주기에 자주 먹으면 좋습니다. 규칙적인 운동과 바른 식생활로 암을 예방하고 조기검진을 통해 암발견시 제때에 치료합시다.

중증질환부터 예비급여가 적용됩니다

환자는 병원이나 의원에 가면 진료비를 냅니다. 진료비는 건강보험이 적용되는 것과 그렇지 않는 비급여가 있습니다. 건강보험이 적용되는 급여는 외래와 입원에서 본인부담비율의 차이가 있습니다. 환자가 병의원을 외래로 이용하면 진료비의 30%(의원)~60%(상급종합병원) 가량을 부담해야 합니다. 입원을 하면 건강보험이 적용되는 진료비의 20%를 환자가 부담합니다. 환자는 건강보험 급여 중 본인부담분과 비급여 진료비를 내야 합니다.

과거 국민건강보험이 적용되지 않았던 일부 항목에 대해 2014년부터 '예비급여(한때 '선별급여'라고 불림)'가 도입되어 환자의 본인부담금이 줄었습니다. 어떤 항목이 '예비급여'가 적용되는지를 알아두면 의료기관 이용에 큰 도움이 됩니다.

희귀 질환에 예비급여가 적용되기 시작

진료행위에 대한 국민건강보험의 수가는 표준화되어 있습니다. 환자의 수가 적고 진료행위가 별로 이루어지지 않는 희귀(난치)질환은 건강보험이 적용되지 않을 수도 있습니다. 이러한 질병은 건강보험 수가가 적용되지 않기에 환자는 일반수가로 높은 진료비를 부담할 수밖에 없었습니다. 일반수가는 병원마다 차이가 있고, 대체로 건강보험 수가의 150% 내외입니다.

경제적으로 부담을 느끼는 시민은 암·뇌질환·심장병·희귀(난치)질환 등을 대비하여 '암보험'이나 '실손 의료보험'에 가입하는 등 자구책을 세우고 있습니다. 이 때문에 시민은 매월 건강보험료를 내고 별도로 '사보험'에 가입하여 이중의 부담을 지고 있습니다.

이러한 문제를 해결하기 위해 국가는 암·뇌질환·심장병·희귀(난치)질환 등 이른바 '4대 중증 질환'에 '선별급여(현재는 예비급여)'를 도입했습니다. 4대 질환의 수술·검사나 치료용 재료 중 건강보험이 적용되지 않았던 50가지를 골라 '선별적으로 건강보험급여'(선별급여)로 전환했습니다. 복지부는 2016년 7월 이후엔 다른 질환의 검사 세 가지를 포함했고, 점차 전체 질환으로 확대시켰습니다.

일반적으로 예비급여가 적용되면 비보험 진료일 때에 비해 진료 수가가 낮아집니다. 비보험 진료는 의료기관이 임의로 가격을 정하여 병원마다 가격이 다르고 쉽게 오릅니다. 그러나 예비급여가 적용되면 정부가 일반수가의 50~70% 선으로 진료 수가를 낮춥니다. 진료행위에 대해 건강보험이 적용되면 매년 보험수가가 정해지지만, 일반수가는 통제밖에 있기 때문입니다.

일부 진료에서 모든 질환으로 확대

예비급여는 당초 선별급여라고 불렸고, 이는 국민건강보험법에 명시되어 있는 '선별급여'에서 시작되었습니다. '선별급여'는 건강보험법상 "요양급여를 결정함에 있어 경제성 또는 치료효과성 등이 불확실해 그 검증을 위해 추가적인 근거가 필요하거나, 경제성이 낮아도 가입자와 피부양자의 건강회복에 잠재적 이득이 있는 등 대통령령이 정하는 경우에는 예비적인 요양급여인 선별급여로 지정해 실시할 수 있다"에 근거합니다. 예비급여는 건강보험에서 일부만 지원하기에 본인부담상한제 적용에서 배제되고, 관련 전문가들로 구성된 급여평가위원회 평가와 건강보험정책심의위원회 심의를 거쳐 보험급여를 고시하게 됩니다.

모든 질병은 원인이 다양하고 그 치료방법도 다양하지만, 의료계는 특정 질병에 대한 치료에 대해 대체적인 합의가 있습니다. 의료계에서 합의한 치료방법은 국민건강보험법령에 의거하여 보험급여로 포함됩니다. 그런데, 시간이 갈수록 치료방법이 새롭게 등장하기에 치료에 필수적인 의료와 비필수적인 의료가 혼재되고, 비필수적 의료는 아직 보험수가가 적용되지 않아 환자의 부담이 커집니다. 환자는 필수적 의료와 비필수적 의료를 판단하기 어렵고, 병의원을 운영하는 사람은 일반수가를 적용받는 비필수 의료행위를 할 때 더 많은 수익을 얻을 수 있어 그 방법을 권장할 수도 있습니다.

따라서 그동안 건강보험이 적용되지 않던 비보험 진료 중에서 비용 대비 효과가 높지는 않지만 필요성은 어느 정도 인정되는 분야부터 '예비급여'를 적용하고 있습니다. 가격 대비 성능인 '가성비'가 다소 떨어지지만

'치료 가능성이 상대적으로 높은' 환자는 50%를, 이보다 낮으면 80%를 환자가 냅니다. 국민건강보험공단은 향후 3년 정도 예비급여를 시행해 본 뒤 치료 효과나 환자 편익이 높으면 20%만 부담하는 필수 건보로 전환하기로 했습니다.

2016년 11월 기준 예비급여 등재 현황을 보면 의료행위 18항목(뇌자기파 지도화 검사, F-18 플루오리드 뼈 양전자단층촬영 등), 의료행위+치료재료 11항목(캡슐내시경 검사, 유방재건술), 치료재료 18항목(혈관 중재적 시술 후 지혈용, 수술 후 유착방지용) 등 47항목입니다. 정부는 10%가 넘는 비급여를 2016년까지 필수급여(95.7%)와 예비급여(3.6%)를 통해 0.7%까지 낮추기로 했습니다. 필수적 의료는 모두 급여화하고 비필수적인 의료는 치료효과와 사회적 수요를 고려해 선별급여(예비급여)로 지정하여 국민의 의료비 부담을 줄이려는 것입니다.

예비급여로 환자의 부담이 확 줌

예비급여는 질병의 치료에 도움을 주고 삶의 질을 높여주기도 합니다. 유방암의 치료는 완치율은 높지만 유방을 절제하고 도려내는 경우도 있기에 흔적을 남기기 쉽습니다. 이 때문에 유방암 수술을 한 여성들은 수치심으로 대중탕에도 가지 못한다는 경우가 적지 않았습니다.

유방 재건수술을 받으면 되는데 1500만원이 넘는 비용으로 엄두도 못 내는 경우가 적지 않았습니다. 그런데, 유방 재건수술은 2015년부터 예비급여가 적용되어 400만원 수준으로 낮아졌습니다. 재건수술을 받은 한 여성은 "수술 전엔 노출을 해야 하는 찜질방 모임 등에 갈 엄두를 못 냈지만 지금은 위축되거나 우울하지 않다"고 말했습니다. 예비급여가 적용되면서 유방 재건 수술 환자가 크게 증가했습니다.

예비급여는 처음 도입된 2014년 7월부터 2018년 5월까지 총 63항목(의료행위 40항목, 치료재료 24항목)이 등재됐고, 이후 '문재인 케어'를 통해 사실상 모든 질환으로 확대되었습니다.

희귀난치질환의 산정 특례를 확인하세요

고서병, 터너증후군, 파킨슨병 등 이름도 생소한 희귀병과 잘 낫지 않는 난치병으로 고생하는 사람들이 적지 않습니다. 희귀난치성 질환은 치료비도 많이 들기에 환자와 가족의 고통이 큽니다. 정부는 이들의 의료비를 줄여주기 위해 2009년 7월부터 '희귀난치질환 산정 특례제도'를 만들어 건강보험 진료비의 본인부담금을 10%로 낮추었습니다. 일반환자의 건강보험 본인 부담률(20~60%)보다 훨씬 낮아서 의료비 부담을 크게 덜 수 있습니다.

희귀난치질환의 종류

희귀난치질환은 희귀질환과 난치성질환의 합성어입니다. 희귀질환은 고셔병, 근육병(진행성근이영양증, 염증성근질환), 부신백질이영양증, 요봉증, 알포트증후군, 중증근무력증, 유전성혈전증, 클라인펠터증후군, 터너증후군, 윌슨병, 포피리아, 만성염증성장질환(궤양성장염, 크론씨병), 다발성경화증, 신생아담도폐쇄증, 혈우병 등입니다.

한편, 난치성 질환은 알츠하이머병, 근위축성측색경화증, 다발성경화증, 혈우병, 전신성홍반성낭창, 다제내성결핵, 진폐증, 파킨슨병, 만성신부전증, 근육병(진행성근이영양증, 염증성질환), 고셔병, 부신백질이영양증, 백혈병, 만성염증성장질환(궤양성장염, 크론씨병), 재생불량성빈혈 등을 들고 있습니다.

희귀난치질환 산정 특례제도의 도입

건강보험가입자 중 담당의사로부터 희귀질환자로 확인받은 자로서 본인일부부담금 산정특례에 관한 기준에 의해 희귀질환 산정특례 대상 142종 질환군에 해당하는 사람은 담당의사가 자필 서명한 '건강보험 산정특례 등록 신청서' 1부를 의료기관이 신청하거나 대상자가 건강보험공단에 신청하면 됩니다.

보건복지부는 전문가들의 의견을 수렴하여 희귀난치질환을 꾸준히 확대시키고 있습니다. 2015년 12월부터는 선천성 심장질환 12종을 특례 대상 희귀질환으로 지정하여 약 6800명에게 추가 혜택을 주었습니다. 희귀질환 산정특례 확대로 연간 25억 7000만 원~33억7000만 원의 보험 재정이 추가로 소요되고, 그동안 고비용을 부담하던 희귀질환 특례 사각지대가 상당히 해소되었습니다.

극희귀난치질환 산정 특례 확대

또한, 보건복지부는 그동안 질병코드가 없거나 진단이 불분명하여 특례에서 제외되었던 극희귀질환과 상세불명 희귀질환에 대해 산정특례 확대 방안을 마련하였습니다. 극희귀질환은 희귀질환 중에서도 환자가 200명 이하로 그 수가 매우 적거나, 질병 코드가 없는 희귀질환이고, 상세불명 희귀질환은 꾸준한 진단 노력에도 불구, 병명을 확정 짓지 못하거나 진단이 불명확한 희귀질환입니다.

이제까지 희귀질환은 진단 기준이 비교적 명확한 질환에 대해서 특례를 인정하였기에 유병률이 극히 희박한 극희귀질환자와 진단이 어려운 희귀질환자는 특례에서 제외되었습니다. 이러한 환자들은 다수의 진단방법과 치료법을 동원하느라 고액 의료비가 발생하는 문제점이 있었습니다.

보건복지부는 '극희귀질환자 특례 코드'를 신설하여 극희귀질환을 진단할 수 있는 특정 요양기관을 통해서 산정특례 등록을 할 수 있도록 하고, 진단이 명확하지 않은 환자는 질병관리본부내 국내 희귀질환 전문가로 구성된 '희귀질환 전문가 위원회'를 통해 환자별로 임상 경과에 대한 심사를 실시하여 상세불명 희귀질환에 부합할 경우 특례를 부여하기로 하였습니다.

특정 요양기관은 희귀질환 특수 클리닉 또는 협진체계를 갖추고, 유전상담이 가능한 5년 이상의 전문의가 상근하는 종합병원급 이상의 요양기관입니다. 이러한 조치로 연간 최대 약 1~1만8000명의 극희귀질환자와 상세불명 희귀질환자가 혜택을 받을 수 있습니다.

건강보험공단은 2017년 6월부터 색소실조증, 동형접합 가족성 고콜레스테롤혈증, 알스트롬 증후군, 알렉산더병, 어린선(선천성 비늘증) 등 23종의 극희귀질환(상병 일련번호 45~67번)을 '희귀질환 산정 특례'의 적용 대상으로 추가한다고 발표했습니다. 이로써 희귀질환 산정 특례 대상으로 등록된 극희귀질환은 66종으로 큰 폭으로 늘었습니다.

희귀난치질환자의 불편 지속

2015년 12월에 제정된 희귀질환관리법은 환자 치료, 관리보다는 연구개발, 등록 통계, 전문기관 지정 등 인프라 확충 등에 집중돼 있어 정작 희귀질환 환자들은 소외를 받는다는 비판이 있습니다. 특히 희귀질환 치료제가 급여 적용을 받지 못하면 본인이 치료비 전액을 부담해야 합니다. 국내에서 허가된 희귀 의약품 239개중 약 40%는 여전히 본인부담금이 100%입니다.

희귀질환 특성상 평생 앓는 질환임에도 불구하고 5년마다 산정 특례 재등록을 해야 합니다. 치료과정에서 질환이 호전되면 등록이 불가능하거나 환자의 수, 연령, 보험 급여 횟수 등에 따라 재등록이 어려워 의료계, 환자, 제약업체들이 난감해 합니다. 예컨대, 희귀질환 유병인구가 2만 명을 기준으로 하여 류마티스관절염이 산정 특례에서 제외될 수도 있다는 소문에 관련 학계와 업계가 특례 적용이 제외되지 않도록 해 달라고 요구하고 있습니다.

희귀난치 질환의 예방 대책

희귀질환의 약 80%가 유전질환으로 국내에서도 신생아 선별 검사를 도입해 희귀질환에 대응하지만 선진국에 비해 스크리닝 항목이 적은 것이 문제입니다. 미국의 경우 60개 질환에 대한 유전 검사를 의무화하고 있지만 한국은 미국의 10%인 6개 질환에 한정돼 있습니다. 관련 의학계는 폼페병, 고서병 등의 '리소좀축적질환'과 같이 조기 진단 후 치료받을 수 있는 질환들도 선별검사에 포함되어야 한다는 주장을 펴고 있습니다.

한편, 제약업계 관계자는 희귀 질환 환자들의 피부에 와 닿는 혜택으로 돌아가기 위해서는 규제의 완화가 좀 더 필요하다고 합니다. 희귀 질환 관리 종합 계획 등에 새로운 정책이 더해지기 어려운 상황이라면 기존의 급여 평가 과정이나 기준을 좀 더 완화시켜 급여를 늘려야 한다는 것입니다. 단순한 약제비의 지원을 넘어선 환자 지원 프로그램이 좀 더 개발되어야 합니다.

희귀 질환자의 의료비 감액

국가는 희귀질환에 대한 국민의 이해를 높이고 예방·치료 및 관리의욕을 고취시키고자 5월 23일을 '희귀질환 극복의 날'로 정하고 2017년부터 기념행사를 하고 있습니다. 희귀질환 환자와 그 가족이 피부로 느낄 수 있도록 관련 급여를 늘리고, 더 손쉽게 급여를 받을 수 있도록 해야 하겠습니다.

정부는 2019년부터 희귀 질환자 의료비를 더 줄였습니다. 희귀질환자 의료비지원사업 대상질환을 927개로 확대해 기준 중위소득 120% 이하의 희귀질환 유병 건강보험 가입자에게 의료비 본인부담금(산정특례 10%)을 지원합니다. 일부 중증질환자에게 간병비도 지원합니다. 조기진단을 통해 적절한 치료를 받을 수 있도록 '희귀질환자 유전자진단지원' 대상 질환을 51개에서 89개로 확대했습니다.

임신, 출산 관련 지원제도를 활용할 수 있습니다

결혼하고 아이를 갖길 원해도 임신이 되지 않는 부부가 늘고 있습니다. 몇 년을 기다려도 임신이 되지 않으면 산부인과 전문병원에서 진단을 받고 인공수정이나 체외수정을 시도하는 경우가 적지 않습니다.

난임부부 시술비 신청

난임부부는 여러 차례 시술을 받아야 임신에 성공하는 경우가 많은데, 상당한 시술비 등으로 임신을 포기하는 부부도 있습니다. 정부의 난임부부 시술비 지원사업은 난임부부에게 시술비를 지원하여 경제적 부담을 줄이고 출산율을 높이려는 것입니다.

체외수정 시술 등 특정 치료를 통해서만 임신이 가능한 일정 소득이하 부부가 신청하면 시술비를 지원받을 수 있습니다. 법적 혼인상태에 있는 난임부부로서 접수일 현재 부인의 연령이 만 44세 이하이고, 전국 가구 월평균 소득의 150% 이하인 사람은 시·군·구와 보건소에 신청하면 지원을 받을 수 있습니다.

체외수정 시술시 신선배아는 회당 190만 원 범위 내에서 총 3회, 동결배아는 회당 60만 원 범위 내에서 총 3회, 인공수정은 회당 50만 원 범위 내에서 최대 3회를 지원받을 수 있습니다.

긴급복지 해산비 지원

생계를 잇기 어려운 위기상황에 놓인 가정의 임산부는 출산 전·후에 필요한 해산비를 지원받을 수 있습니다. 주소득자가 사망하거나 가출, 행방불명, 중한 질병이나 부상, 가족 구성원으로부터 방임 또는 유기되거나 학대를 받은 경우, 화재 등으로 생활이 곤란한 경우에 신청할 수 있습니다.

긴급복지 해산비는 시·군·구청을 방문하거나 보건복지콜센터(국번없이 129)로 전화하면 70만 원(쌍둥이 140만 원)을 받을 수 있습니다.

산모·신생아 건강관리 지원

출산가정은 읍·면·동 행정복지센터 또는 관할 보건소에 신청하여 전문교육을 받은 산모·신생아 건강관리사의 지원을 받을 수 있습니다. 산모·신생아 건강관리 지원 사업은 건강관리사가 출산가정을 방문하여 산모의 건강 회복을 돕고, 신생아를 보살펴 출산가정의 경제적 부담을 줄여줍니다.

산모와 배우자의 건강보험료 본인부담금 합산액이 전국 가구 월평균소득의 65% 이하인 산모가 출산(예정)일 전 40일 또는 출산 후 30일 이내에 서비스를 받을 수 있습니다. 단태아 산모는 2주(12일), 쌍생아는 3주(18일),

3태아 이상은 4주(24일), 장애등급 2급 이상은 4주(24일) 동안 받을 수 있습니다.

여성 장애인 출산비용 지원

여성 장애인은 행정복지센터에 신청하면 출산비용을 지원받을 수 있습니다. 모든 등록장애인은 출산을 하거나 임신 4개월이 지난 후에 유산 또는 사산하여 신청하면 태아 1인당(유산 또는 사산 포함) 100만 원을 지원받을 수 있습니다.

청소년 산모 임신·출산 의료비 지원

의사의 진단에 의해 '임신확인서'를 받은 만 18세 이하 청소년산모가 우리카드에 신청하면 임신·출산 의료비로 1회당 120만 원을 지원받을 수 있습니다. 10대 임신은 부정적으로 인식되는 경향이 있어서 산모가 가출하거나 부모(가정)의 보살핌을 받지 못하는 경우가 많은데, 이 사업은 우리은행이 청소년산모와 태아의 건강진단을 돕는 것입니다.

모든 임신부·출생아의 보건수첩

모든 임신부 또는 출생사실이 확인된 영유아는 관할 보건소에 등록하면 산모수첩과 어린이건강수첩을 받을 수 있습니다. 이 수첩에는 예방접종, 각종검진, 검사, 양육 등에 대한 정보가 포함돼 있어서 임신부가 스스로 자신과 출생아의 건강을 관리할 수 있도록 지원합니다.

어린이건강수첩을 가진 만 12세 이하 아동은 필수예방접종 비용을 전액 지원받을 수 있습니다. BCG(피내용), B형간염, DTaP, IPV, DTaP-IPV(콤보백신), MMR, 일본뇌염(사백신,생백신), 수두, Td, Tdap, 뇌수막염(Hib), 소아폐렴구균, A형간염 등 14종을 위탁의료기관에서 예방접종시 접종비용 전액을 지원받을 수 있습니다.

임신부와 출산아동은 다양한 복지서비스를 받을 수 있으므로 시·군·구청과 보건소의 홈페이지를 잘 살펴보기 바랍니다. 아이를 낳는 것은 부모이지만 잘 키우는 것은 가족과 사회가 함께 해야 할 일입니다.

응급실을 제대로 활용하는 방법이 있습니다

집이나 직장 등에서 응급환자가 생기면 119로 전화하기 바쁩니다. 구급차가 오면 환자의 질병이나 상태를 고려하여 가장 적합한 병원으로 빨리 가는 것이 중요합니다. 생명이 위독한 환자는 응급실을 잘못 선택하여 목숨을 잃을 수도 있으니, 적합한 응급실을 활용해야 합니다.

응급실에는 5개 등급

우리나라 병원 응급실은 크게 5가지입니다. 대한민국에 하나 밖에 없는 중앙응급의료센터는 국립중앙의료원(서울)입니다.

전국 시·도에는 권역별응급의료센터가 21개소 있습니다. 상급종합병원이면서 해당 지역의 응급의료를 총괄합니다. 해당 지역에서 가장 큰 병원이고, 흔히 대학병원입니다.

전문응급의료센터는 전국에 2개소가 있습니다. 화상전문으로 한강성심병원(서울), 외상전문으로 조선대학교 병원(광주)이 있습니다.

지역응급의료센터가 전국에 119개소가 있습니다. 특별시·광역시에는

100만 명당 1개소, 도지역은 인구 50만 명당 1개소가 지정되어 있습니다.

지역응급의료기관은 전국에 293개소가 있습니다. 시장·군수·구청장이 지정할 수 있기에 매년 조금 늘거나 줄어듭니다. 군지역은 의료인력을 구하기 어려워 응급실을 폐쇄하는 경향이 있습니다.

권역별응급의료센터를 알아두어야

고혈압으로 약을 먹거나 심혈관질환으로 병원에서 수술을 받은 적이 있다면 권역별응급의료센터를 알아두고, 뇌출혈 등 관련 질병으로 응급상황이 생기면 이곳으로 이송해야 합니다.

생명이 위독한 환자를 지역응급의료센터나 의료기관으로 이송해서는 도착 즉시 수술을 받지 못해 치료시기를 놓칠 수도 있습니다. 제때에 수술을 하지 못하면 생명을 구할 수 없거나 큰 후유증이 생기기 쉽습니다. 교통사고로 다발성 외상을 가진 환자는 권역외상센터로 이송하는 것이 좋습니다.

다발성 골절·출혈 환자는 권역외상센터로 가야

외상센터는 권역외상센터와 기타 외상센터로 나뉩니다. 그중 권역외상센터는 365일 24시간 교통사고, 추락 등에 의한 다발성 골절·출혈 등을 동반한 중증외상환자에 대해 병원 도착 즉시 응급수술이 가능하고 최적의 치료를 제공할 수 있는 시설, 장비, 인력을 갖춘 외상전용 치료센터입니다. 이곳은 생사의 기로에 놓인 중상을 입은 환자를 어떻게든 살려보려고 만든 병원입니다.

중증외상을 당한 후 적시에 치료를 받지 못해 사망한 환자의 비율을 '외상예방가능 사망률'이라고 합니다. OECD 상위권 국가는 이 사망률이 10% 중후반대인데, 한국은 2015년에 30%대에서 2017년에 19.9%로 줄었습니다. 권역외상센터의 개설로 얻은 효과입니다.

교통사고 환자는 권역외상센터를 찾아야

권역외상센터는 다발성 중증외상환자 발생에 대비해 외상전문의로 이뤄진 외상팀이 24시간 대기하는 병원입니다. 중증외상환자 전용 중환자병상과 외상전용 수술실 등을 갖추고 119특수구조단 소방항공대와 협약을 체결한 병원을 찾아야 합니다. 응급의료센터, 정형외과, 외과를 비롯해 영상의학과, 흉부외과, 신경외과 등 관련 전문 진료과와 유기적인 협진시스템을 구축해야 환자에게 종합적인 서비스를 할 수 있습니다. 서울에서 고려대학교 구로병원, 수원에서 아주대 병원, 광주에서 조선대학교 병원 등이 유명합니다.

심폐소생술을 하여 병원 이송

심정지 환자가 있으면 심폐소생술을 통해 일단 숨을 쉬게 해야 합니다. 심정지가 의심되는 입원 환자에게는 악화징후를 모니터링하고 사전조치를 통해 환자의 심정지를 예방하는 신속대응팀의 활동이 매우 중요합니다.

'코드블루'는 환자 심장이 멈춰 심폐소생술이 필요한 응급상황을 의미하는 비상코드입니다. 통계에 따르면 심정지를 겪은 환자가 다시 병원 밖으로 걸어 나갈 확률은 10% 미만입니다. 심정지 직후 바로 심폐소생술을 받았더라도 확률은 20%로 낮습니다. 하지만 심정지가 일어나기 전 이상 증후를 통해 적절한 처치가 이뤄지면 생존율은 30% 이상이라고 합니다.

심정지가 의심되면 전문병원에 빨리 입원하고, 집에서 응급상황을 맞이하면 신속대응팀이 있는 병원으로 이송하는 것이 중요합니다. 시간이 생명을 좌우하고 조금 늦은 처치는 큰 장애를 남길 수도 있습니다.

감염병이 의심되면 보건소 등으로 연락

신종플루, 메르스 등 치명적인 감염병이 의심되면 보건소나 권역별응급의료센터에 연락하여 조치를 기다리기 바랍니다. 감염병은 환자 주변에 있는 가족뿐만 아니라 이송과정, 응급실에서 접촉 가능한 의료진과 환자에게도 영향을 줄 수 있습니다.

이러한 환자는 보건소나 권역별응급의료센터에 전화하여 안내를 받아야 합니다. 치명적인 감염병 환자는 격리 외래와 음압병실에 별도 출입구를 갖춘 감염 격리진료실이 있는 병원에 입원해야 합니다. 코로나19 팬데믹 상황에서 감염병이 의심되면 먼저 시·군·구 보건소나 선별진료소를 이용하는 것이 좋겠습니다.

암, 원스톱 진료시스템을 갖춘 병원

암 등 지병이 있는 환자가 응급상황에 빠졌다면 평소 치료를 받았던 병원으로 가는 것이 좋습니다. 환자 진료기록은 민감 정보이기에 대체로 해당 병원에서만 볼 수 있습니다. 치료 기록이 있는 병원에 가야 응급상황에서도 의료기록을 보면서 현재 상황과 비교할 수 있습니다.

한편, 만성질환과 노환, 더 이상 치료하기 어려운 상황이라면 연명치료보다는 존엄하게 죽을 권리도 고려해야 합니다. 생명을 연장하는 치료보다는 진통을 줄이는 최소한 조치를 받으면서 죽음에 대비하는 호스피스 완화의료를 선택하는 것도 한 방법입니다.

20세 이상은 건강검진을 무상으로 받을 수 있습니다

대한민국 모든 청년은 국가건강검진을 무상으로 받을 수 있습니다. 그동안 건강보험료를 내는 국민은 국가건강검진을 받았지만, 본인이 보험료를 내지 않은 40세 미만 피부양자(피보험자의 가족)는 국가건강검진의 사각지대에 있었습니다. 현재는 법 개정으로 20세 이상은 국가건강검진을 받을 수 있으니 해당되는 사람은 활용하기 바랍니다.

모든 청년은 건강검진을 받을 수 있음

이전에는 20~30대중 직장가입자와 지역가입자의 '세대주'만 주기적으로 건강검진을 받고, 직장가입자의 피부양자와 지역가입자의 세대원 중 20~30대는 무상으로 건강검진을 받을 수 없었습니다. 미취업 청년과 전업주부 등 약 720만 명(직장가입자 피부양자 461.3만 명과 지역가입자 세대원 246.8만 명, 의료급여 수급권자의 세대원 11.4만 명)은 건강검진대상에서 제외되었습니다.

이에 일부 국회의원은 20~30대 청년과 전업주부도 국가건강검진 혜택을 받을 수 있도록 법안을 발의하였고, 이 법안이 통과되었습니다.

20세와 30세에 정신건강검사를

정부는 20~30대 청년의 자살사망률이 높은 점을 고려해 일반건강검진 항목 이외에도 정신건강검사를 받을 수 있게 했습니다. 우울증을 조기 발견해 치료할 수 있게 20세와 30세 이후에 각 1회 정신건강검사(우울증)를 받을 수 있습니다.

그동안 국가건강검진에서 우울증 검사는 40세, 50세, 60세, 70세에만 각 1회 시행했습니다. 사망원인통계(2015년)를 보면, 20대와 30대의 사망원인 1위는 자살이었습니다. 인구 10만 명 당 자살 사망자는 20대가 16.4명, 30대는 24.6명이고, 자살은 20대 사망 원인의 43.8%, 30대 사망 원인의 35.8%이었습니다. 정부는 청년의 정신건강을 조기에 살펴 보다 적극적으로 대책을 강구하고자 합니다.

청년에게 스트레스 질환이 늘어남

청년에게 국가건강검진을 확대한 것은 건강에 적신호가 왔기 때문입니다. 국정감사 자료에 따르면, 청년은 경추질환 등 일부 근골격계 질환, 공황장애 및 우울증, 궤양성 대장염 및 크론병과 장염 등 소화계 질환 등 많은 분야에서 건강이 전체 세대를 통틀어 가장 빠르게 악화되었습니다.

과거에는 노화로 인한 질병이 많았지만, 최근에는 학업과 취업 혹은 극

심한 경쟁으로 인한 스트레스로 인한 질병이 늘었습니다. 청년은 당뇨를 비롯해 우울증, 화병, 공황장애, 통풍질병 환자 증가율이 다른 연령대보다 높아졌습니다. 이는 학업과 취업 등으로 스트레스를 겪는 청년세대의 고단함이 신체건강에 영향을 미친 결과입니다.

특히 20대 우울증 환자 수는 최근 5년간 58.4%가 증가되어 전체 평균 16.5%의 3.5배이었습니다. 20대 우울증 환자는 2013년 4만7721명에서 2017년 7만5602명으로 늘었고, 20대 당뇨 환자도 2013년 1만7359명에서 2017년 2만4106명으로 38.9% 증가했습니다. 20대 당뇨 환자는 전체 평균 증가율 23.4%보다 훨씬 높습니다.

건강검진을 받을 때 효과

모든 청년이 무상으로 건강검진을 받을 수 있더라도 그 효과를 거두려면 당사자가 받아야 합니다. 과거에도 청년 중 직장건강보험 가입자와 지역가입자는 건강검진을 무상으로 받을 수 있었고, 20세 이상 여성은 자궁경부암검사를 무상으로 받을 수 있었습니다.

하지만, 청년의 건강검진 수진율은 다른 연령층에 비교하여 낮습니다. 청년은 건강에 대한 자신감과 바쁘다는 핑계로 건강검진을 받지 않는 경향이 있습니다. 건강은 건강할 때 지킬 수 있고, 건강검진을 통해 질병을 조기에 찾으면 적은 비용으로 치료할 수 있습니다.

국민건강보험공단은 20~30대가 많이 이용하는 사회관계망 등을 통해 '모든 청년이 국가건강검진을 무상으로 받을 수 있다'는 사실을 널리 알려야 합니다.

"암검진도 해주세요" 라고 말하세요

행복의 기준은 사람마다 다르지만 핵심은 건강하게 부자로 사는 것입니다. 우리는 건강하게 살기 위해 좋은 음식을 먹고, 운동을 하며, 좋은 생각을 하고, 건강보험에도 가입합니다.

건강보험의 장점은 아플 때 병원비가 크게 들지 않는다는 점입니다. 우산을 준비하면 비오는 날에 큰 걱정이 되지 않듯이, 건강보험에 가입하면 큰 병에 걸려도 의료비 부담이 작아집니다. 건강검진을 잘 활용하면 진료비 부담을 줄일 수 있습니다.

건강검진만 잘 받아도 건강을 지킴

건강보험에서 강조하고 싶은 급여는 건강검진입니다. 건강검진만 잘 받아도 건강을 지킬 수 있기 때문입니다. 건강검진은 일반건강검진, 암검진, 영유아건강검진이 있는데, 제때에 받아야 이익입니다.

일반건강검진은 건강보험에 가입한 지역세대주, 직장가입자, 만 20세 이상 세대원과 피부양자가 매 2년마다 1회(비사무직은 매년) 무료로 받을 수 있습니다. 지역가입자에게는 집으로 직장가입자에게는 직장으로 건강검진표가 오기에 검진기관(병원)을 선택해 가면 됩니다. 주기적으로 건강검진을 받는 것이 중요합니다.

1차 검진 결과 '고혈압·당뇨병 질환의심자로 판정된 사람과 만 70세와 74세 1차 검진 수검자 중 인지기능장애 고위험군'은 2차 검진을 받도록 통보받습니다. 고혈압 의심자는 혈압 측정을 받고, 당뇨병 의심자는 공복혈당 측정을 받으며, 인지기능장애 고위험군은 치매선별검사를 받을 수 있습니다. 건강검진을 통해 질병을 조기에 발견할 수 있고, 성인병이나 치매를 빨리 대처할 수 있기에 꼭 받기 바랍니다.

일반건강검진을 받을 때 "암검진도 해주세요"라고 말하기 바랍니다. 본인이 필요해서 암검진을 받으면 비용이 많이 들지만, 건강보험으로 위암·대장암·간암·유방암·자궁경부암·폐암 검진 등을 무료 혹은 검진비의 10%만으로 받을 수 있습니다.

20세 이상 여성은 자궁경부암 검진을 2년마다 받고, 40세 이상 여성은 유방암 검진을 받을 수 있습니다. 남녀 모두 40세 이상이면 위암, 50세 이상으로 변에 피가 나올 때 대장암, 만 40세 이상으로 간암발생 고위험군은 간암 검진을 받을 수 있습니다. 자궁경부암과 대장암 검진은 무상이고, 유방암·위암·간암·폐암 검진도 소득이 낮은 사람은 무료입니다. 해당 국민은 주기적으로 암 검사를 받고, 가족력이 있거나 증상이 의심되는 사람은 집중적으로 관리하는 것이 좋습니다.

큰 병일 때 진료받을 병원서 검진

생애전환기에 건강검진을 잘 받는 것이 중요합니다. 과거 '생애전환기검진'은 현재 '일반건강검진'에 통합되어 성·연령별 검사 항목이 추가되었습니다. 예컨대, 이상지질혈증(총콜레스테롤 등)은 남자 만24세 이상, 여자 만40세 이상, 4년 주기로 검사받을 수 있습니다. B형간염검사(만40세, 보균자와 면역자는 제외), 치면세균막검사(만40세), 골다공증(만54·66세 여성), 정신건강검사(우울증, 만20세·30세·40세·50세·60세·70세)는 해당 연령을 시작으로 10년 동안 1회, 생활습관평가(만40세·50세·60세·70세), 노인신체기능검사(만66세·70세·80세), 인지기능장애검사(만66세 이상 2년에 1회)를 받을 수 있습니다.

건강검진은 큰 병이 생기면 진료받을 병원에서 받으면 좋습니다. 건강검진을 받을 때마다 다른 병원을 이용하면, 막상 큰 병이 걸릴 때 축적된 건강정보를 확인할 길이 없습니다. 따라서 암·고혈압·당뇨병 등을 잘 치료할 수 있는 병원에서 평소 건강검진을 해서 본인의 건강정보를 축적시켜 놓는 것이 좋습니다.

많은 만성질환은 장기간 건강정보를 축적하면 관리가 가능하기에 건강검진 결과를 보관하고 활용합시다. 일부 질병은 가족력과 상관성이 높아 가족이 한 병원에서 건강검진을 받는 것도 괜찮습니다. 건강검진은 큰 병이 걸렸을 때 이용할 의료기관에서 받기 바랍니다.

치매선별검사와 치매치료비를 받을 수 있습니다

인구의 고령화와 함께 무서운 병이 치매입니다. 치매의 사전적 정의는 '인지 기능의 장애로 인해 일상생활을 스스로 유지하지 못하는 상태'이지만, 그 원인이 다양하기에 예방과 치료법도 복잡합니다.

치매는 알츠하이머·파킨슨병 등과 같이 퇴행성 뇌질환으로 뇌세포가 감소되거나 판단에 필요한 뇌의 연결이 깨지면서 인지 기능이 떨어진 현상입니다.

치매를 앓고 있는 사람을 나타내는 치매유병률은 한국의 경우 2020년에 노인의 10.3%로 약 84만 명이 치매환자로 추정되고 있습니다. 노인성 치매는 70대 중반 이후에 많이 발생되고, 나이가 들수록 더 많이 발병하므로 평균수명이 증가되면 치매유병율도 10%를 훌쩍 넘어설 것입니다.

'영양·운동·인간관계' 치매 예방 지름길

치매는 불치병으로 알려졌는데, 일부 치매는 원인을 치료하면 완치되거나 완화됩니다. 뇌경색과 뇌출혈에 의해 뇌가 손상되어 발생하는 치매는 뇌

졸중 등을 치료하면 완치되거나 상태가 크게 호전될 수 있습니다. 알코올성 치매는 술을 끊으면 크게 나아질 수 있습니다. 전체 치매의 약 10%는 완치되거나 크게 호전될 수 있으므로 치료를 포기해서는 안 됩니다.

하지만, 알츠하이머·파킨슨병 등에 의한 치매는 퇴행성 뇌질환으로 기억력·전두엽 기능 등의 장애로 시작해서 서서히 나빠져 치매 환자와 수발 가족에게 큰 육체적 고통과 심적 고통을 주기에 예방과 함께 체계적 관리에 초점을 두어야 합니다.

치매 예방에서 중요한 것은 영양·운동·좋은 인간관계입니다. 치매 예방에 효과가 있다고 알려진 식품은 초석잠·천마·해바라기씨·호두·닭가슴살 등인데, 음식을 고루 알맞게 먹는 것이 중요합니다. 노인은 혼자나 부부만 사는 경우가 많아 세 끼 식사를 잘 챙기지 못하는 경우가 많은데 고른 영양 섭취는 치매예방을 위해 중요합니다. 매일 햇빛을 받으며 산책하고, 가족과 친구와 인간관계를 유지하는 것이 치매 예방의 지름길입니다.

잘 관리해도 치매의 발병을 피할 수 없으므로 조기검진으로 약물관리를 잘 하는 것이 매우 중요합니다. 치매가 의심되면 보건소나 치매안심센터를 방문하여 '치매선별검사'를 받기 바랍니다. 치매선별검사는 무료이고, 이 검사로 의심이 들면 정밀검사로 치매를 진단받고, 전문병원에서 처방을 받아 약물관리를 시작할 수 있습니다.

발병후 약물 관리 시기에 따라 '하늘과 땅'

치매발병 후에 약물관리를 얼마나 빨리 하느냐에 의해서 환자의 삶의 질은 하늘과 땅 차이가 납니다. 건망증이라고 방치하면 본인과 가족이 큰 고통 속에 살지만, 빨리 진단하여 약물치료를 받으면 10년 이상 일상생활을 할 수 있습니다. 치매 진단을 받더라도 식사를 잘 하고 화장실만 혼자 갈 수 있어도 삶의 질이 크게 달라집니다.

치매로 진단받으면 병원에서 약물치료를 시작하고, 보건소에 등록하여 약값을 지원받을 수 있습니다. 치매치료관리비는 전국 가구 평균소득 120% 이하인 가구가 신청하면 받을 수 있습니다. 해당 가구의 치매환자(혹은 가족)가 보건소에 신청하면 매월 3만 원 범위에서 연간 36만 원까지 치매약값을 지원받을 수 있습니다.

치매치료관리비는 신청한 사람에게만 주므로 대상자 본인명의 통장 사본 1부와 치매치료가 포함된 약처방전 또는 약품명이 기재된 약국 영수증·건강보험증 또는 의료급여증과 함께 관할 지역 보건소에 신청하면 입금됩니다. 신청서는 보건소나 홈페이지에서 받을 수 있습니다.

가족 중에 치매환자가 있다면 건강보험공단에 노인장기요양보험을 신청하여 요양등급을 받아 인지활동형 프로그램 등을 지원받을 수 있습니다. 치매환자는 주·야간보호시설을 이용할 수 있고, 주 3회 이상 방문요양, 월 1회 이상 방문간호도 받을 수 있습니다. 치매환자는 인지능력은 떨어져도 정서적 기능은 살아있으므로 화를 내거나 야단을 치면 마음의 상처를 받기 쉽습니다. 실수를 하더라도 공감하고 따뜻하게 대하면 친밀감을 나눌 수 있습니다. 노인성 치매는 예방하고 관리할 수 있습니다.

공단 홈페이지에서 '나의 검진현황' 을 볼 수 있습니다

국민건강보험공단 홈페이지에서 '건강iN'을 보고, 그곳에서 '나의 건강관리'를 활용하면 나와 가족의 건강관리에 도움이 됩니다.

건강검진 사후 관리가 중요

건강보험에 가입한 사람과 20세 이상 피부양자는 2년(생산직은 1년)에 한 번 건강검진을 무상으로 받을 수 있습니다. 최근 수검률이 높아져서 국민 10명 중 7~8명은 국가건강검진을 받습니다.

많은 사람들이 건강검진을 받지만 사후관리를 소홀히 합니다. 건강검진을 통해 자신의 혈압·혈당지수 등 다양한 정보를 알 수 있는데 무심하게 넘기는 경향이 있습니다. 건강검진을 받아도 그 정보를 건강관리에 활용하지 않으면 무용지물입니다.

성인 3명 중 1명 정도가 대사증후군에 해당됩니다. 건강보험공단은 매년 검진후 건강위험요인을 가진 정도에 따라 주의군과 위험군으로 구분하여 건강정보를 제공합니다. 위험군에 속하는 사람도 평소 식습관이나 운동 등 생활습관을 개선하면 건강을 보다 효과적으로 관리할 수 있습니다.

또한, 고혈압·당뇨병 판정을 받았다면 치료를 받아야 합니다. 일찍 치료하면 적은 비용으로 짧은 시간에 완치할 수 있는 병도 방치하면 악화됩니다. 건강검진을 받고 위험군이나 주의군에 속하는 사람은 건강상담을 받고 치료받는 것이 좋습니다.

꼭 필요한 만성질환자 건강관리

'나의 건강관리'에서 '나의 검진현황'을 보면, 건강관리에 도움이 되는 정보가 많습니다. 고혈압이나 당뇨병 환자 등은 평소 건강관리가 중요한데, '나의 검진현황'을 통해 주요 지표의 변화를 확인할 수 있습니다.

또한, 건강보험공단은 고혈압·당뇨병 환자가 일차 의료에서 적절히 치료받을 수 있도록 '의원급 만성질환 관리제'를 운영하고 있습니다. 고혈압·당뇨병 환자가 단골 의원을 정해 꾸준히 치료하면 본인부담금을 10% 포인트 줄여줍니다.

고혈압·당뇨병 등 만성질환은 사람들이 관리만 잘 해도 병이 악화되는 것을 예방할 수 있습니다. 고혈압은 짠 음식을 먹지 않고, 물과 채소를 많이 먹으며, 산책 등 운동만 주기적으로 해도 상당히 잘 관리됩니다. 당뇨병도 단 음식을 피하고, 음식을 천천히 먹으며, 혈당을 주기적으로 검사하여 약물치료를 하면 악화되는 것을 막을 수 있습니다.

건강보험공단 홈페이지에서 관련 건강정보를 검색하고, 공단 지사가 운영하는 공개강좌를 듣고, 자조모임에 참가하여 생활습관을 개선하는 것이 중요합니다. 많은 질병은 먹는 음식과 생활습관과 관련되어 있습니다. 대체로 만성질환은 질병에 걸리고 진행되는 시간도 길게 걸립니다. 천천히 나빠지는 질병은 식습관을 바꾸고 음식을 조절하여 좋아지게 할 수 있습니다. 음식과 운동 그리고 스트레스관리라는 작은 실천으로도 건강을 지킬 수 있습니다.

공단 지역본부의 특화사업

건강보험공단 광주지역본부는 세 가지 특화사업을 하고 있습니다. 하나는 '몸도 잡GO 마음도 잡GO'란 고위험 사업장 직무스트레스 관리 사업입니다. 건강은 몸의 건강뿐 아니라 마음의 건강도 매우 중요합니다. 건강지원센터는 고혈압·당뇨병과 같은 만성질환에 집중했는데, 이제는 스트레스 관리에도 역점을 두고 있습니다. 직무스트레스가 높은 사업장을 중심으로 스트레스 관리를 잘 하도록 지원합니다. 스트레스가 심하면 정신건강이 나빠질 뿐만 아니라 신체적인 질병으로 이어지기에 평소 스트레스를 잘 관리해야 합니다.

다른 하나는 '당(糖)신(身)을 위한 모바일 헬스 스쿨'로 정보통신기술을 이용한 당뇨 관련 신체활동 증진 사업입니다. '당뇨'에서 당(糖)을 '신체'에서 신(身)을 따온 말인데, '혈당을 낮추고 신체활동을 높이자'는 것입니다. 스마트 기기인 블루투스 장착 혈당 측정기와 손목 밴드 형태의 신체활동량 측정기기를 통해 참여자들의 건강관리를 향상시키는데 있습니다. 사업 결과 분석 과정 속에서 어떤 정보통신기술이 보건의료사업에 유용한

지 알아볼 것입니다.

당뇨병은 그 자체로 문제가 있을 뿐만 아니라 합병증이 생길 경우에는 실명 등 건강에 치명적인 손상을 줄 수 있습니다. 당 관리는 단 음식을 줄이고 음식을 천천히 먹는 것만으로도 어느 정도 줄일 수 있고, 산책 등 주기적인 운동으로 당을 태울 수 있습니다. 몸에 들어가는 당을 줄이고, 이미 들어간 당은 운동을 통해 가급적 빨리 태우는 것이 중요합니다.

'건강iN'에서 건강검진 결과 확인

건강검진을 받은 후 그 결과를 알려면, 누구든지 건강보험공단 홈페이지의 '건강iN'을 검색하기 바랍니다. 인터넷을 검색하면 수많은 건강정보들이 넘쳐납니다. 그중에는 유익한 것도 많지만 검증되지 않는 정보가 적지 않습니다. 일반인이 경험을 바탕으로 올린 건강정보는 일반화시키는데 한계가 있습니다. 제약회사에서 상품을 팔기 위해 과장한 경우에는 피해가 클 수도 있습니다. 건강보험공단이 전문가들과 함께 만든 '건강iN'을 활용하는 것이 좋습니다.

아울러, 국민은 건강을 잘 지키기 위해 지역사회에 있는 다양한 건강 관련 기관을 활용하는 것이 좋습니다. 병·의원, 약국, 한방 병·의원과 같은 요양취급기관 뿐만 아니라, 정신건강증진센터, 시민체력증진센터, 심뇌혈관질환센터 등 다양한 기관들이 하는 핵심 업무를 알고 적극 활용하기 바랍니다. 건강은 건강할 때 지키고, 만성질환 등은 전문가의 도움을 받아서 적극 관리해야 합니다.

일부 치과 진료도 보험처리 됩니다

치과진료의 보험처리는 점차 확대됩니다. 2019년에 치과 진료비 중 건강보험으로 보장되는 비율은 병원급 18.9%, 의원급 31.7%로 전체 의료기관 평균 62.7%에 크게 못 미칩니다. 복지부는 아동, 노인, 장애인 등 취약계층을 중심으로 건강보험 적용 범위를 넓혀가고 있습니다.

충치환자는 건강보험 가입자의 11.5%

건강보험공단에 따르면 충치 치료를 받은 환자는 총 584만명으로 건강보험 가입자의 11.5%입니다. 충치 치료를 받은 환자는 570만명이고, 치과 진료비는 전체 진료비의 5.8%인 약 4조원입니다. 치과 치료를 받은 환자 중 만 5~9세는 전체 환자의 16.1%를 차지했고, 진료율도 40.4%로 다른 연령대 진료율 7.6~12.1% 보다 훨씬 높았습니다.

어릴 적부터 치아 관리 습관을 들이지 않으면 커서 진료비 부담이 커지고, 치아 상실 위험도 커집니다. 이에 보건복지부는 구강건강 증진 및 치과의료 발전을 위한 '구강정책 추진계획'을 발표했습니다.

아동 치과주치의 시범사업 도입

구강정책의 하나로 2020년에 '아동 치과주치의' 시범사업을 시작했습니다. 아동 치과주치의는 영구치가 완성되는 12세 전후에 구강검진 및 예방진료, 구강건강 관리 교육을 담당합니다. 학교 양치시설, 구강보건실을 활용해 학생들이 양치하는 분위기를 조성하고, 참여형·체험형 교육도 확대할 계획입니다.

아동 치과주치의 시범사업은 대상 아동의 나이, 건강보험 수가와 본인부담금 수준 등을 결정합니다. 아동이 가까운 치과의원에서 주치의를 선택하면 충치 치료와 치석 제거(스케일링), 치아 홈 메우기 등 예방 진료를 받을 수 있습니다.

구강정책은 우리나라 아동의 치아 건강을 선진국 수준으로 끌어올리기 위한 조치입니다. 2018년 기준 만 12세 아동의 56.4%는 영구치에 충치가 생긴 경험이 있었습니다. 평균 충치 수는 1.84개로 미국 0.4개, 일본 0.8개보다 많습니다. 식사 후에 이를 닦는 치아 관리 습관을 갖지 못한 영향으로 풀이됩니다.

아동 충치치료의 보험처리

건강보험으로 처리되는 치과진료는 아동 치아홈메우기, 아동충치치료, 구순구개열 치아교정 등으로 점차 확대되었다. 아동 치아홈메우기는 2017년 10월부터 본인부담률이 10%까지 낮추어졌습니다. 2019년부터 12세 이하 광중합형복합레진 급여화(아동충치치료)에 따라 본인부담금이 치아 1개당 10만원에서 의원급 기준 2만5천 원까지 경감되었습니다. 구순구개열 치아교정 급여화는 본인부담률이 의원급 30%에서 상급종합병원 60%로 책정돼 환자 의료비 부담은 이전 3천5백만 원에서 최대 730만 원으로까지 감소되었습니다.

1년에 한번 스케일링을 받기

구강정책은 소득이나 장애 유무에 따른 치아 건강 불평등을 해소시킬 것입니다. 국민건강영양 조사에서 충치 발병률은 소득 수준이 가장 낮은 그룹의 37%로 소득이 가장 높은 그룹(22%)의 약 1.5배이었습니다.

아동기에 치아 관리에 소홀하면 성인이 돼 치주질환을 겪을 확률이 높아집니다. 남성은 40대, 여성은 50대 이후부터 치주질환이 급증하는데, 매년 스케일링만 받아도 예방 효과를 거둘 수 있습니다. 스케일링은 1년에 한 번 건강보험이 적용되고, 본인부담금은 1만5천 원 정도입니다. 1년에 한 번씩 스케일링을 받는 것이 이익입니다.

노인 인플란트와 틀니는 보험처리

틀니와 임플란트의 건강보험은 2016년 7월부터 65세 이상으로 확대되었습니다. 틀니와 임플란트 시술에 건강보험을 적용하면 시중 가격의 30%로 시술을 받을 수 있습니다. 노인은 어금니와 앞니 등 평생 2개의 임플란트와 틀니 시술을 건강보험 수가로 받을 수 있습니다. 틀니나 임플란트가 필요한 노인은 치과에 가서 진료를 받아 시술이 필요하다는 판정을 받은 후에 시술동의를 하여 등록하면 됩니다.

치료 진료 보험처리를 늘려야

2021년부터 초등학교 고학년을 대상으로 구강 검진과 충치 치료 등을 건강보험으로 지원하는 '아동 치과주치의 제도'가 도입됩니다. 비급여 항목이 많은 치과 진료의 건강보험 적용 범위도 확대해 가계의 의료비 부담을 줄일 것입니다.

치주 질환을 예방해 연간 4조 원에 이르는 치과 진료비를 줄이는 것이 목표입니다. 우리 국민이 치과 진료에 쓰는 돈은 전체 보건의료 관련 가계 지출의 약 17%에 이릅니다.

비만은 질병, 예방하고 치료할 수 있습니다

세계보건기구는 비만을 질병으로 분류하고, 암을 유발하는 주요 요인으로 꼽습니다. 한때 통통한 몸매는 '우량아'의 상징이었지만, 이제 비만(체질량지수 25 이상)은 질병으로 간주됩니다. 국민건강통계에 따르면 19세 이상 성인 비만율은 2005년 31.3%에서 2016년 34.8%로 증가했습니다.

보건복지부는 관계부처 합동으로 '국가 비만관리 종합대책(2018년~2022년)'을 확정했습니다. 이 대책을 통해 2022년 추정 비만율 41.5%를 2016년 수준으로 유지하려고 합니다.

한국인은 점점 뚱뚱해지고 있음

성인 남성 비만 증가 속도가 빠릅니다. 이들의 비만율은 2005년 34.7%에서 2016년 42.3%로 증가했습니다. 이들의 비만율이 높은 이유는 아침을 먹지 않고 점심이나 저녁에 잦은 회식을 하기 때문입니다.

성인 여성은 자주 집에서 아침 식사와 저녁 식사를 하여 비만율의 증가 속도가 주춤했습니다. 같은 기간에 성인 여성 비만율은 27.3%에서

26.4%로 줄었습니다. 여성이 다이어트를 더 실천한 것도 영향을 주었을 것입니다.

아동과 청소년의 비만율도 심각

아동과 청소년 비만율도 심각합니다. 초·중·고등학생 비만율은 2008년 11.2%에서 2017년 17.3%로 늘었습니다. 학생 비만율의 증가는 신체활동에 쏟는 시간은 준 반면 햄버거·피자·튀김 등 고열량·고지방 음식 섭취가 늘어났기 때문입니다. 고등학교로 갈수록 학업시간은 늘고 실내외에서 신체활동을 할 시간은 줄기에 학생의 비만율이 증가했습니다.

건강의 적신호라고 할 수 있는 고도비만율은 고등학생에서 높았습니다. 남고생의 3.7%, 여고생의 3.3%가 고도비만으로 이는 전 연령대를 통틀어 가장 높았습니다. 이들은 땀이 나는 신체활동을 거의 하지 않고, 패스트푸드를 자주 먹었습니다. 주 3일 이상 땀이 날 정도로 격렬하게 신체활동을 하는 비율이 고등학생은 24.4%에 그쳐 초등학생(58.3%), 중학생(35.7%)에 비해 낮았습니다. 고등학생의 80.4%가 주 1회 이상 패스트푸드를 먹는다고 답했습니다.

비만은 사회경제적 손실을 키움

비만은 개인적인 손실을 넘어 사회경제적 부담을 키우고 있습니다. 몸이 뚱뚱해지면 질병에 걸리기 쉽고, 만성질병으로 이어지며, 조기에 사망할 수도 있습니다. 비만인은 정상인에 비해 당뇨·고혈압 등 각종 만성질환

발병 위험이 높습니다. 당뇨는 비만일 경우 발병률이 정상인 대비 2.5배, 고도비만일 경우 4배까지도 높아집니다. 고혈압도 정상인에 비해 비만인은 2배, 고도비만인은 2.7배가량 발병 위험이 높습니다.

건강보험공단은 비만으로 인한 사회경제적 손실을 2006년 4조8000억 원에서 2015년엔 9조2000억 원으로 추계하였습니다. 비만으로 질병에 걸려서 손실, 먼저 사망하여 손실, 치료받느라 일하지 못하고 다른 사람의 간병을 받아서 경제적 손실이 크다는 뜻입니다.

비만에 대한 종합적인 대책

비만에 대한 종합대책은 크게 올바른 식습관 형성, 신체활동 활성화·건강 친화적 환경 조성, 고도비만자 적극 치료·비만관리 지원 강화, 대국민 인식 개선·과학적 기반 구축 등 4개 전략과 세부 과제로 구성되었습니다.

비만은 먹는 것이 살로 가는 현상입니다. 어린 시절부터 올바른 식습관을 형성하는 것이 대책의 지름길입니다. 저체중아로 태어난 아동이 소아비만에 걸릴 확률이 높고, 소아비만이 성인비만으로 이어질 확률이 높습니다. 임신부의 영양섭취 불균형은 저체중아 출산위험을 높이기에 이 단계부터 체계적인 개입이 필요합니다.

정부는 저체중, 성장부진 등 영양위험요인이 있는 영유아·임산부에게 보충식품을 제공하고, 영양교육을 실시하는 영양플러스사업 대상자를 점차 확대키로 했습니다. 출산 전·후, 보건소·의료기관 등과 연계한 모유수유 교육도 강화합니다. 세계보건기구, 유럽연합 등은 모유수유를 아동비만 예방의 주요 전략으로 추진하고 있습니다.

이와 함께 영양표시 의무화 식품과 자율영양표시 대상 업종도 확대됩니다. 정부는 영양표시 의무화 식품을 연차적으로 농산가공식품류, 수산가공식품류, 동물성가공식품류 등으로까지 확대합니다.

신체활동을 통해 열량을 발산

비만을 막기 위해 음식으로 흡수된 열량을 신체활동으로 발산시켜야 합니다. 비만을 막으려 음식을 적게 먹는 것만이 능사가 아닙니다. 아침을 굶으면 허기를 참지 못해 점심이나 저녁식사에 폭식하여 많은 열량을 섭취하기 쉽습니다.

정부는 유치원·어린이집 표준교육과정을 신체의 균형적 발달을 위한 대근육활동 등 바깥놀이 중심의 신체활동과 바른 식생활 교육을 강화하는 방향으로 개편합니다. 아동과 청소년의 신체활동을 늘리기 위한 특단의 대책이 필요합니다. 정부는 학생 주도의 학교스포츠클럽 활성화를 위해 우수학교에 대한 지원을 확대하고, 건강증진학교 운영사례를 분석해 우수 건강증진 프로그램을 전국 학교로 보급합니다.

비만예방관리는 당사자의 자발적인 참여를 유도해야 합니다. 정부는 성인이 운동을 주기적으로 하는 등 건강관리에 힘쓰면 우수자에게 체육시설이용권, 진료바우처(상품권) 등을 제공합니다.

고도비만수술에 건강보험 적용

고도비만수술에 대해 건강보험을 적용합니다. 비만의 예방과 관리를 위한 다각적인 대책이 효과를 거두기 위해서는 제도적 장치와 함께 국민적 참여가 중요합니다. 1인 가구의 증가로 혼밥·혼술 문화가 유행하고 서구식 식생활로 고열량 식품을 섭취하는 경향이 있습니다.

이제 비만은 '개인적인 관심사'가 아닌 '사회적 관심사'라는 인식을 갖고 개인과 사회가 함께 대책을 강구하고 실천해야 합니다. 비만은 질병이지만, 예방할 수 있고 조기에 개입하여 치료할 수 있습니다.

HIV 감염을 예방하고 무상으로 치료합니다

질병관리본부에 따르면, 2015년 말까지 우리나라에서 누적 집계된 에이즈(AIDS·후천성면역결핍증) 환자와 이를 일으키는 원인 바이러스인 인간면역결핍 바이러스(HIV)에 감염된 사람(감염인)의 수는 1만502명입니다. 이 수치는 신고된 감염인과 환자의 누적 숫자에서 사망자 수를 뺀 것입니다. 여기에 감염되었지만 신고 되지 않은 수를 포함하면 훨씬 많을 것입니다.

에이즈 환자와 HIV감염인의 차이

인간면역결핍바이러스(HIV)에 감염된 후 치료하지 않으면 후천성면역결핍증인 에이즈(AIDS)가 됩니다. HIV 감염은 아프리카에서 시작된 것으로 추정되며 유사한 바이러스가 영장류에서 발견되고 있습니다.

에이즈와 HIV 감염인은 어떻게 다를까요? HIV가 몸 안에 들어와 있지만 일정한 면역 수치를 유지하면서 몸에 뚜렷한 증상이 없는 사람이 감염인입니다. HIV에 걸린 후 시간이 지나면서 면역체계가 파괴되어 면역세포 수가 일정 이하가 됐거나 특정한 질병 또는 증상이 나타난 경우에 에이즈 환자라 부릅니다.

HIV 감염인의 증가

대한민국에서 HIV 감염인이 처음 발견된 것은 1985년이었습니다. 이후 새로 감염인과 환자로 등록된 사람은 1990년대에는 매년 100명 수준이었으나 2000년대에는 매년 1000명 안팎으로 증가하는 추세입니다.

2019년에 새로 등록된 환자와 감염인은 1,222명이고, 연령은 20대가 35.8%, 30대 27.9%, 40대 16.5% 순으로 20~40대가 80.3%를 차지하였습니다. 감염 경로는 모두 성 접촉이었습니다. 수혈이나 혈액제재에 의한 감염도 일어날 수 있지만, 채혈할 때 검사를 철저히 하기에 2006년 이후 수혈로 인한 감염사례는 발생하지 않았습니다.

성병을 막는 것이 HIV 감염 예방법

인간면역결핍 바이러스는 혈액, 정액, 질분비물, 모유 등 타액을 통해 전파될 수 있지만, 지난 10년간 새로운 HIV 감염인은 100% 성생활을 통해 감염되었습니다.

HIV 감염은 성병의 일종인데, 다른 성병을 가진 사람이 감염될 확률이 매우 높았습니다. 다양한 성병을 예방하기 위한 모든 조치는 결국 HIV 감염 예방에도 도움이 됩니다. 성병은 다수 사람과 성생활을 할 때 걸릴 확률이 매우 높기에 콘돔을 사용하여 정액이나 질 분비물 등을 직접 접촉하지 않아야 합니다.

HIV 감염경로를 보면, 감염인과 성생활을 한 경우와 함께 바이러스에 감염된 주사바늘을 여러 번 사용하거나, 다른 사람과 함께 주사바늘을 사용할 때 극히 위험합니다. HIV는 면역력이 낮을 때 침투하기 쉬운데, 감염된 혈액이 묻은 주사바늘은 치명적인 전염도구입니다. 의료종사자 중에서 감염된 주사바늘에 찔려 감염될 확률도 있지만, 최근에는 철저히 주의하기에 발생된 경우는 매우 드문 사례입니다. 결국 HIV 감염은 성병이므로 안전한 성생활이 이를 막는 지름길입니다.

HIV 감염의 초기 증상

HIV 감염의 첫 증상은 감염된 후 6주 이내에 나타나며 독감과 비슷합니다. 즉, 림프절 종창(림프관염)이 나타나고, 열이 나며, 피로감과 함께 근육에 통증을 느낍니다. 피부에 발진이 일어나고 인후통(침이나 음식을 삼킬 때 목에 통증)이 생깁니다. 이런 증상들은 보통 몇 주 안에 사라지기에 많은 환자들이 감염된 사실을 모른 채 생활합니다.

감염기간이 길어지면 림프절 종창이 잘 낫지 않고 지속되며, 아구창같은 구내 감염에 걸립니다. 잇몸질환이 생기며, 단순포진 감염과 입속의 궤양이 잘 낫지 않습니다. 외음부에 광범위하게 사마귀가 생기고, 가렵고 비듬이 생기는 피부 병변이 나타나며 체중이 갑자기 감소합니다. 감염되고 나서 짧게는 1년 안에 길게는 14년 후에 에이즈로 발병합니다. 환자들은 감염된 사실을 알지 못하다가 심각한 증상이 나타나거나 에이즈로 암이 발생한 후에 감염 사실을 알게 됩니다.

조기에 검사하여 치료대책을 세워야

위험한 행위를 한 후에 HIV 감염이 의심되거나 걱정되면 항체 검사로 감염여부를 확인할 수 있습니다. 12주 이후 검사가 가장 정확한데, 비뇨기과에서 오라퀵이나 키트검사를 실시하여 10분 이내에 음성(한 줄)인지 양성(두 줄)인지를 확인할 수 있습니다. 의심이 되는 사람은 가까운 보건소에서 무료로 검사를 받을 수 있습니다. 감염여부는 본인에게만 알려줍니다.

국가는 HIV 감염자를 보건소에서 관리합니다. 감염자는 3개월 간격으로 주소지 보건소에서 상담을 하고 6개월 간격으로 면역검사를 합니다. 면역기능이 저하되거나 합병증이 발생했을 때는 발병 억제제를 투약할 수 있습니다. 생활이 어려운 감염인은 의료급여 수급자로 등록하여 의료비를 지원받을 수 있고 생계급여를 받을 수도 있습니다. HIV 감염 환자의 치료비와 간병비는 전액 세금으로 처리됩니다.

HIV 감염은 백신이 없어 예방이 안 되고 치료제도 없습니다. 다만 약을 먹으면 바이러스 증식을 막으니 바이러스를 지닌 채 사는 것입니다. 죽을 때까지 먹어야 하는 약값과 추가되는 검사비와 다른 약까지 하면 적지 않는 돈이 듭니다. HIV 감염이 늘 수록 환자의 삶의 질은 떨어지고 사회적 비용이 늘어나기에 가장 좋은 대책은 예방하는 것입니다.

호스피스, 존엄한 죽음을 위한 선택

결혼식은 당사자나 혼주가 가족과 친지 등에게 미리 알리지만, 부고는 예기치 못한 순간에 핸드폰 문자로 전달되기도 합니다. 태어나서 늙고 병들어 죽는 '생노병사'는 피할 수 없기에 죽음을 어떻게 맞이할 것인가는 참으로 중요한 일입니다.

호스피스는 의료행위

2017년 8월 4일부터 '호스피스·완화의료 및 임종과정에 있는 환자의 연명의료 결정에 관한 법률'(연명의료결정법)이 시행되었습니다. 말기암 환자를 포함하여, 회생 가능성이 희박한 만성간경화, 후천성면역결핍증(AIDS), 만성폐쇄성호흡기질환 환자도 호스피스를 이용할 수 있습니다. 호스피스는 무의미한 연명의료를 중단하고 임종까지 통증 완화를 위한 최소한의 의료행위만 제공하는 것입니다.

호스피스는 봉사활동이었음

연명의료결정법상 호스피스는 의료행위이지만 그 뿌리는 봉사활동이었습니다. 호스피스(Hospice)의 사전적 의미는 죽음이 가까워 온 환자에게 목숨연명술 대신 평안한 임종을 맞이할 수 있도록 준비를 돕는 봉사활동에서 시작되었습니다. 라틴어 Hospes(손님)에서 유래한 말로 성지순례자들이 하룻밤을 쉬어가는 곳이라는 의미를 가집니다. 십자군전쟁으로 인해 많은 부상자들이 생겨났을 때 수녀들이 호스피스에서 이들을 치료하며 임종을 앞둔 사람들이 편안하게 죽음을 맞을 수 있도록 도왔습니다. 호스피스는 죽음도 삶의 자연스러운 과정 중 하나라는 것을 인식시키고 환자의 고통 완화를 돕는 활동입니다. 호스피스는 종교적 배경을 가진 병원이나 단체에서 하는 경우가 많았습니다.

호스피스는 치료가 아닌 완화의료

질병을 '치료의 관점'에서 바라보는 경향이 있습니다. 조선시대 말에 서양의학이 도입된 이후 모든 질병을 치료할 수 있고, 환자는 질병을 치료하기 위해 병·의원에 통원하거나 입원해야 한다는 생각을 가졌습니다.

그런데, 어떤 질병은 극복하기 어렵고, 모든 죽음은 삶과 연결되어 있기에 자연스러운 현상입니다. 현대의학으로도 치료하기 어려운 질병을 가진 환자가 '연명치료'에 매달리는 것은 큰 고통과 슬픔을 주기에 연명치료를 하지 않고 존엄한 죽음을 맞이하자는 운동이 일고 있습니다. 말기암 환자처럼 죽음이 임박한 사람이 고통스러운 치료를 받기 보다는 통증을 완화하면서 죽음을 맞이할 수 있도록 하자는 활동이 광범위하게 이루어졌습니다. 오랫동안 호스피스 혹은 완화의료는 '봉사활동'으로 인식되고 '의료활동'으로 간주되지 않았지만, 최근 변화의 바람이 일고 있습니다.

호스피스·완화의료의 이용방법

호스피스는 환자나 가족이 원한다고 해서 누구나 이용할 수 있는 상황은 아닙니다. 연명의료결정법에 근거하여 정부가 정한 기준에 맞는 환자만 병원이 제공하는 호스피스를 이용할 수 있습니다. 정부는 연명의료결정법 제정 직후 정부, 의료계, 법조·윤리계, 종교계 등으로 구성된 후속조치 민관 추진단과 호스피스, 연명의료 분과위원회 등을 운영하고 공청회 등을 거쳐 의견수렴 결과를 반영한 후 하위법령을 마련했습니다.

이에 따라 말기 환자 진단 기준, 법률 시행에 따른 관리기관에 대한 구성 및 운영규정, 연명의료계획, 호스피스 신청 등이 정해져 있습니다. 말기환자는 담당의사와 해당분야 전문의 1명이 진단합니다. 그 기준은 임상적 증상, 다른 질병 또는 질환의 존재 여부, 약물 투여 또는 시술 등에 따른 개선 정도, 종전의 진료 경과, 다른 진료 방법의 가능 여부 등을 종합적으로 고려하게 됩니다. 해당 질병을 치료할 수 있다는 약물 투여나 시술로는 더 이상 치료할 수 없다는 진단이 내려진 환자만 호스피스를 이용할 수 있습니다.

병원이나 집에서 받을 수도 있음

호스피스·완화의료를 관리할 중앙호스피스센터는 국립암센터에 있습니다. 중앙호스피스센터는 암 환자들을 상대로 호스피스 사업을 운영해온 경험을 살려 인력 교육·훈련, 호스피스 연구, 사업계획 수립, 홍보 등 정책을 주도합니다.

호스피스전문기관이 되길 원하는 의료기관은 국립암센터에 신청하여 지정받을 수 있습니다. 현재 전문 호스피스 병동에서 서비스를 받는 '입원형 호스피스'가 중심이지만, 생존기간이 길고 질환치료를 병행해야 하는 환자는 일반병동에 입원하거나 가정에서 서비스를 받는 '자문형 호스피스', '가정형 호스피스'로 확대됩니다. 호스피스를 받길 희망하는 환자와 가족은 시범 병원을 찾기 바랍니다.

또한, 연명의료결정법 하위법령에는 연명의료 중단과 관계된 개정사항도 담겼습니다. 연명의료는 임종과정에 있는 환자에 대한 심폐소생술, 인공호흡기 착용, 혈액투석, 항암제 투여 등을 말합니다. 환자가 '사전연명의료의향서' 등을 등록하면 본인의 의사에 따라 연명치료를 받지 않고 '존엄한 죽음'을 맞이할 수 있습니다. 19세 이상인 사람은 건강할 때 혹은 필요할 때 '사전연명의료의향서'를 직접 문서로 작성하여 보건복지부장관이 지정한 등록기관에 보관하면 됩니다.

노인 틀니와 임플란트는 보험처리됩니다

노인은 어금니와 앞니 등 평생 2개의 임플란트와 틀니 시술을 건강보험 수가로 받을 수 있습니다. 노인은 치과에 가서 진료를 받아 시술이 필요하다는 판정을 받은 후에 시술동의를 하여 등록하면 됩니다.

틀니·임플란트 시술, 시중 가격 30%로

건강보험이 적용되지 않는 틀니와 임플란트의 시술 가격은 치과마다 다르고, 틀니는 1악당 144만 원에서 150만 원 가량입니다. 보험가격은 의원급의 경우 완전틀니는 레진상이 107만 원, 금속상이 124만 원, 부분틀니는 130만 원이고, 노인은 그중 본인부담금만 내면 됩니다. 다만, 금니와 티타니움 재료의 이는 건강보험이 적용되지 않습니다.

임플란트는 1개당 보험수가가 123만 원입니다. 보험수가가 관행가격보다는 낮기에 노인들은 경제적으로 큰 부담 없이 틀니나 임플란트를 할 수 있습니다. 보험수가는 매년 달라지기에 치료할 때 가격을 확인하기 바랍니다.

2017년 11월부터 본인부담금의 비율도 50%에서 30%로 낮아졌습니다. 의료급여 1종은 보험수가의 5%, 2종은 15%의 본인부담으로 틀니와 임플란트를 할 수 있습니다. 차상위 대상자 중 희귀난치성 질환자는 5%, 만성 질환자는 15%의 본인부담금으로 받을 수 있습니다.

틀니와 임플란트, 건강보험 조건·효과

틀니는 한번 하면 7년간 사용한 후에 다시 보험으로 할 수 있습니다. 다만, 구강상태가 심각하게 변화되어 의료적으로 불가피한 경우에는 1회에 한하여 추가로 할 수 있습니다. 무상보상기간은 틀니 장착후 3개월간 6회의 범위에서 시술료 없이 진료비만으로 받을 수 있습니다.

건강보험이 적용된 임플란트 시술을 받으려면 일부 치아가 남아 있는 '부분무치악' 환자여야 합니다. 앞니 임플란트도 어금니 임플란트가 불가능한 때에만 건강보험 적용을 받을 수 있습니다.

노인에 대한 틀니와 임플란트 건강보험 적용은 진료비 부담을 줄이고 건강한 생활을 위해 큰 도움이 됩니다. 노인의 건강보험 보장률이 2013년 67.5%에서 2014년 70.6%로 높아졌는데, 이는 전체 연령대의 보장률인 63.2%에 비교하여 높은 수준입니다.

'문재인 케어'를 통해 건강보험 보장률은 2019년 64.2%로 증가되고, 노인의 보장률은 70.7%로 상대적으로 높았습니다. 요양취급기관별로 보면, 종합병원의 보장률은 69.5%이고, 영양주사나 물리치료 등 비급여 항목이 많은 개인병원은 57.2%이었습니다.

노인 치과, 아직도 벽이 높음

틀니와 임플란트에 대한 건강보험이 확대되었지만, 노인이 치과를 이용하기에는 아직도 벽이 높습니다. 가장 큰 이유는 치과치료비의 개인 부담이 너무 크기 때문입니다.

여기에는 두 가지 이유가 있습니다. 하나는 일반적으로 치과 치료비가 높고, 상당한 기간 동안 지속적으로 치료를 받아야 하기 때문입니다. 다른 하나는 치료비의 본인부담율이 50%로 다른 진료과목보다 턱없이 높기 때문입니다.

건강보험은 외래로 이용할 때 본인부담율이 의원급은 진료비의 30%, 병원은 40%인데, 치과는 모두 50%입니다. 건강보험이 적용되어도 저소득층 노인에게는 높은 본인부담금으로 틀니와 임플란트 치료는 '그림의 떡'이 되기 쉽습니다.

치과에 대한 건강보험 확대시켜야

완전틀니에 대한 건강보험 급여를 시행한 첫 해에 건강보험을 이용한 경우는 정부가 추계한 양의 10%에도 미치지 못했습니다. 틀니와 임플란트에 대한 치료비를 절반 이상으로 낮추었지만, 노인들은 경제적 부담으로 치과치료를 받는 것을 신중하게 결정했다는 증거입니다.

또한, 65세 미만의 틀니와 임플란트에 대해서는 건강보험이 적용되지 않는 것도 개선되어야 합니다. 치아는 사람에 따라 그 망실 정도가 다르고, 50대부터 임플란트의 필요성이 늘어나기에 그 대상을 60세, 55세 이상으로 점진적으로 확대시켜야 합니다. 치과진료에 대한 건강보험의 확대가 보험 재정에 부담이 된다면 연령별로 차이를 두는 것도 한 방법입니다.

치과진료는 건강보험이 적용되지 않는 경우가 많아 관행수가가 높은 편입니다. 건강보험수가는 관행수가의 80% 수준이므로 당분간 본인부담 비율을 조금 높게 하더라도 건강보험의 적용 범위를 확대시켜야 합니다. 치아는 건강의 기본이고, 건강할 때 지켜야 하기 때문입니다.

단골의원을 지정하면 보험급여를 더 받습니다

'2017년 건강보험통계연보'에 따르면, 건강보험 진료비는 69조3352억 원이었습니다. 이는 건강보험공단이 의료기관과 약국에 지불한 진료비와 환자가 의료기관 등에 지불한 본인부담금을 합한 것입니다. 건강보험으로 처리된 노인 1인당 연간 진료비가 425만 원을 넘었습니다. 전체 노인진료비는 28조 원으로 전체 건강보험 진료비의 41%에 달했습니다[1].

노인 1인당 진료비 425만 원을 넘었음

진료비 69조3352억 원 중 건강보험공단이 지불하는 급여비는 51조8225억 원으로 전체의 74.7%이고, 17조5127억 원(25.3%)은 환자 본인부담금입니다. 건강보험을 활용하더라도 비급여 진료비는 환자가 전액 부담하기에 노인 1인당 연간 진료비는 425만 원을 훌쩍 넘깁니다.

---

1 2019년 노인진료비는 35조7925억 원으로 전체의 41.6%를 차지하며, 1인당 491만 원을 썼습니다.

노인이 사용한 진료비는 28조3247억 원으로 전체의 40.9%이었습니다. 노인 인구는 680만6천 명으로 전체 인구의 13.4%이지만 건강보험 진료비에서 노인진료비는 전체의 40.9%나 됐습니다. 노인 1인당 진료비는 전체 인구 1인당 진료비 139만1천 원보다 3배 이상이었습니다.

노인진료비는 늘고 분만비는 줄었음

노인 환자가 가장 많은 질병은 본태성(원발성)고혈압(262만 명), 치은염 및 치주질환(247만 명), 급성기관지염(199만 명), 등통증(153만 명) 순이었습니다. 노인 환자는 노년성 백내장(21만 명), 알츠하이머병에서의 치매(10만 명), 폐렴(10만 명), 뇌경색증(8만 명) 등으로 입원을 많이 했습니다.

암 진료를 받은 환자는 140만 명

암으로 진료를 받은 환자는 139만9743명으로, 이 중 30만6399명이 그해 신규 중증 암환자로 등록되었습니다. 암 환자 진료비는 7조6645억 원으로 전체 건강보험 진료비의 11.1%를 차지했습니다. 신규 암 환자가 쓴 진료비는 3조3949억 원(암진료비의 44.3%)이었습니다.

진료비가 가장 많이 발생한 질병은 본태성(원발성)고혈압(581만명)으로 2조9213억 원이었으며, 2형 당뇨병(254만 명) 1조8509억 원, 만성신장병(21만 명) 1조8126억 원, 알츠하이머 치매(40만 명) 1조6181억 원 순이었습니다.

입원 진료가 많았던 질병은 위장 및 결장염(33만4175명), 노년백내장(28만3406명), 폐렴(26만9734명) 순이었습니다. 외래 진료가 많았던 질병은 급성기관지염(1597만 명), 치은염 및 치주질환(1518만 명), 급성편도염(689만 명) 등이었습니다.

고액 환자가 진료비의 43.3%를 씀

건강보험 가입자가 1인당 의료기관 평균 방문일수는 20.3일이고, 그 중 입원 2.8일과 외래 17.5일이었습니다. 1인당 평균 진료비는 139만 원으로 전년보다 10만 원 많았습니다.

1인당 진료비가 500만 원을 초과한 고액 환자는 221만6천 명으로 전체 진료인원의 4.7%를 차지했습니다. 건강보험에 적용되지 않는 비급여를 제외한 이들의 진료비는 30조5799억 원으로 전체 진료비의 43.3%였습니다. 건강보험으로 진료를 받는 환자 4.7%가 전체 진료비의 43.3%를 쓴 셈입니다. 고액 환자는 암 등 희귀·난치성질환에 걸린 사람이 많습니다.

노인진료비를 합리적으로 줄여야

노인의 병원 진료비가 크게 증가하는데, 이에 대한 합리적인 대책이 절실합니다. 가장 손쉬운 방법은 만성질환자가 단골의원을 활용하는 것입니다. 고혈압이나 당뇨병 환자가 동네 의원 한 군데를 계속 이용하면 진료비 본인부담률이 30%에서 20%로 줄어드는 '의원급 만성질환 관리제도'를 이용하면 좋습니다.

노인이 많이 걸리는 질병은 증상을 관리하여 악화를 막는 것이 많습니다. 노인이 영양가 있는 음식을 제때에 먹어 기초체력을 다지고 면역력을 높여야 합니다. 심한 운동보다는 날마다 산책을 하면서 햇빛을 받는 것이 건강관리에 도움이 됩니다.

늙으면 병들고 병이 들면 삶을 포기하고 싶은 생각이 나기에 우울증을 잘 관리해야 합니다. 언론은 청소년 자살을 걱정하지만, 실제 자살율이 가장 높은 집단은 노인입니다. 노인은 영양가 있는 식사, 꾸준한 산책, 좋은 인간관계를 통해 건강을 지키고 삶의 질을 높여야 합니다.

국민건강보험은 건강보장의 대들보

건강보험 적용 인구는 직장 가입자 3690만 명(전체 가입자의 72.4%)이고 지역 가입자 1404만 명(27.6%) 등 총 5094만 명으로 국민의 97.2%입니다.

보험료 부과액은 50조4,168억 원으로 전년 대비 5.9% 증가했습니다. 직장보험료는 42조4486억 원, 지역보험료는 7조9682억 원이었으며 세대당 월평균 보험료는 10만1178원(직장 10만7449원, 지역 8만7458원)이었습니다.

건강보험 적용대상자 1인당 연간 보험료는 99만1349원이었고, 보험급여비는 107만9340원으로 보험료 대비 급여비는 109%이었습니다. 이는 보험료 이외에 세금으로 조성되는 돈이 있기 때문입니다.

요양기관수는 의료기관 6만9808개소, 약국 2만1737개소 등으로 9만1545개소였습니다. 요양기관 종사자는 간호사 18만5853명, 의사 10만241명, 약사 3만6980명 등 36만8763명이었습니다. 모든 국민은 건강보험을 잘 활용하여 건강을 지켜야 할 것입니다. 모든 사람이 건강을 잘 지켜야 진료비를 줄이고 삶의 질을 누릴 수 있습니다.

본인부담금 한도액은 소득수준에 따라 다릅니다

건강보험은 진료비 '본인부담금상한제'를 적용합니다. 건강보험에 가입한 개인과 그 가족은 진료비의 일정한 비율만 지불하고 요양급여 등을 받을 수 있습니다. 일반적으로 외래로 진료를 받을 때에는 이용자가 의원 진료비의 30%, 병원은 40%, 종합병원은 50%, 상급종합병원은 60% 이상을 부담합니다. 입원은 요양취급기관의 종류에 상관없이 20%를 부담합니다.

전체 진료비 중에는 건강보험이 적용되는 것과 그렇지 않는 것이 있습니다. 진료를 받은 사람은 건강보험으로 처리되는 급여만 일정한 비율을 부담하고, 나머지 진료비는 전액 부담해야 합니다.

건강보험에서 진료비의 일정한 비율이 처리되더라도 본인부담금이 너무 많으면 진료를 꺼리거나 부담을 느낄 수 있습니다. 이에 국가는 고액·중증질환자의 과도한 의료비로 인한 경제적 부담을 덜기 위해 연간 본인일부부담금(비급여, 선별급여 등 제외)의 총액이 개인별 상한금액을 초과하는 경우에 건강보험공단이 부담하는 '본인부담금상한제'를 시행합니다.

본인부담금상한액, 소득분위별로 다름

본인부담금상한액은 소득분위별로 다릅니다. 소득 10분위를 기준으로 낮은 사람은 본인부담금이 연간 81만 원만 넘으면 모두 보험으로 처리되고, 소득분위가 높아질수록 본인부담상한액이 높아집니다.

2018년부터는 소득 하위 50%는 본인부담상한액을 크게 낮추고, 상위 50%는 물가수준 상승률만큼만 인상하였습니다. 2020년에는 일반병원의 경우에 1분위는 81만원, 2-3분위는 101만원, 4-5분위는 152만원, 6-7분위는 281만원, 8분위는 351만원, 9분위는 431만원, 10분위는 582만원으로 조정되었습니다. 요양병원은 1분위는 125만원, 2-3분위는 157만원, 4-5분위는 211만원으로 조금 높습니다.

본인부담금상한제, 건강보험 보장성 높임

본인부담금상한제로 인하여 소득이 높은 사람도 연간 건강보험으로 처리되는 진료비가 582만 원을 넘으면 본인부담금이 면제됩니다. 소득 하위 50%의 본인부담금상한액이 인하되어 환자 부담이 줄었습니다.

고액 진료비를 내야 하는 의료행위는 건강보험이 적용되는 비급여항목이 적지 않고, 간병비, 치료를 받느라 돈을 벌지 못한 것 등을 고려하면 본인부담금상한액을 낮추는 것은 바람직한 조치였습니다.

본인부담금상한제 지급 방법과 절차

본인부담금상한제는 사전급여와 사후환급으로 시행됩니다. 사전급여는 병원 등 요양취급기관이 환자의 연간 진료비 총액을 쉽게 알 때에 시행하는 방식입니다. 어떤 환자가 동일 요양기관의 연간(매년 1월1일부터 12월31일까지) 입원 본인부담액이 최고상한액(2020년 기준 582만 원)을 초과할 경우 요양기관에서 건강보험공단에 청구합니다.

환자가 여러 요양취급기관을 이용한 경우에는 특정 기관이 그 환자가 얼마만큼의 본인부담금을 냈는지를 알 수 없기에 사후환급을 활용합니다. 사후환급은 상한액기준보험료 결정 전·후로 지급됩니다. 상한액기준보험료(개인별 연평균보험료)와 관련 지역가입자는 세대, 직장가입자 및 피부양자는 가입자 보험료(다음 연도 4월에 정산된 확정보험료)를 기준으로 합니다.

보험료가 결정되기 이전에는 개인별로 누적 본인부담금이 최고상한액을 초과할 경우 매월 초과금액을 계산해 지급하고, 보험료 결정 이후에는 연간 본인부담상한액 초과금을 소득기준별로 정산해 초과금액에 대해서 지급합니다. 사후환급은 소득분위별로 환급금액을 획정해야 하기에 상당한 시일이 걸립니다.

본인부담금상한제, 노인장기요양보험에도 도입해야

본인부담금상한제는 건강보험에만 적용되고 노인장기요양보험에는 적용되지 않아서 노인환자가 요양병원을 오남용하는 경우가 많습니다. 노인이 요양병원에 입원하려면 제한 없이 입원할 수 있지만, 요양시설에 입소하려면 반드시 사전에 요양등급판정을 받아야 합니다.

요양병원은 연간 진료비가 소득분위에 따라 125만원에서 582만원을 넘으면 모두 보험처리 되지만, 요양시설은 본인부담금상한제가 전혀 없어서 본인부담금이 훨씬 많습니다. 더욱이 요양병원에서 식비는 건강보험수가에 포함되지만, 요양시설에서 식비와 간식비는 요양보험수가에 포함되지 않아 전액 이용자가 부담해야 합니다. 이러한 불평등으로 인하여 요양시설을 이용하는 것이 적절한 노인이 요양병원으로 몰리고, 입원이 불필요한 노인조차 요양병원에 입원하는 경우가 적지 않습니다. 이 문제를 해결하기 위해서 노인장기요양보험에도 본인부담금상한제를 도입해야 합니다.

의원급 외래 진료 받을 때 본인부담이 낮음

정부는 노인 환자가 의원급 외래 진료를 받을 경우 본인부담금을 줄어주는 '노인외래진료비 경감제도'를 개선하였습니다. 2018년부터는 노인 진료비가 1만5000원 이하이면 본인이 1500원을 정액으로 내고, 1만5000원 초과에서 2만 원 이하는 진료비의 10%, 2만 원 초과에서 2만5000원 이하는 진료비의 20%, 그리고 2만5000원 초과는 30%를 냅니다.

과거 1만5000원이 기준이 되었지만, 진료비가 매년 올라 1만5000원에서 조금만 올라도 환자의 본인부담금이 1500원에서 4500원 이상이었던 것을 단계별로 조정했습니다. 이러한 조정은 노인의 부담을 줄여 가까운 의원의 이용을 장려하기 위한 조치입니다. 건강보험 진료비 본인부담금상한제와 노인외래진료비 경감제도를 잘 활용하기 바랍니다.

건강보험료는 이렇게 산정됩니다

2018년 7월부터 건강보험료 부과기준이 바뀌었습니다. 새 기준은 저소득층 가구의 보험료를 내리고, 고소득층의 보험료를 올렸습니다. 소득과 재산이 적은 건강보험 지역가입자 589만 세대의 보험료가 월평균 2만2000원 줄고, 연 소득 천만 원 이하 지역가입자는 월 1만 3100원의 최저보험료가 적용되었습니다. 재산과 자동차에 부과되는 보험료도 크게 줄었습니다. 84만 세대는 보험료가 오르거나 추가로 냅니다. 전 국민의 25% 가량이 영향을 받았습니다.

부담능력에 따라 공평하게 보험료

국민건강보험의 적용대상자는 크게 직장가입자와 지역가입자로 나뉩니다. 직장가입자에게는 주로 근로소득에만 보험료를 부과하고, 지역가입자에게는 소득, 재산, 승용차에 보험료를 부과하고, 소득액이 낮은 경우에는 가족수에도 부과하였습니다.

이러한 보험료 부과체계는 직장가입자가 근로소득 이외에 다른 소득

(예, 임대료 등 재산소득)이 있어도 고액이 아니면 보험료를 부과하지 않고, 지역가입자의 경우 소득능력이 없는 가족에게도 보험료를 부과하는 것은 부적절하다는 비판을 받았습니다. 이번 개편은 소득이 많은 사람에게 더 많은 보험료를 부과하고, 소득이 낮은 사람에게는 보험료를 덜 내도록 합니다.

부담능력이 낮은 사람의 보험료

저소득 지역가입자의 건강보험료 부담이 큰 폭으로 낮아집니다. 연간 소득 500만 원 이하 지역가입자 세대에 성, 연령, 재산, 자동차 등으로 소득을 추정해서 부과하던 이른바 '평가소득' 보험료를 폐지하였습니다. 소득이 거의 없는 사람에게 '머리수'를 계산하여 보험료를 부과한 것은 사회보험의 원리에 맞지 않다는 주장이 수용된 셈입니다.

건강보험공단이 보험료를 매기는 소득은 사업소득, 금융소득(이자+배당소득), 근로소득, 기타소득, 공적연금소득입니다. 이 가운데 지역가입자 사업소득과 금융소득, 기타소득은 필요경비를 90%까지 제외한 소득금액을 보험료 부과에 적용합니다. 특히 연소득 100만 원 이하(필요경비비율 90%를 고려하면 총수입 연 1000만 원 이하)인 저소득 지역가입자 451만 세대에는 '최저보험료'를 일괄 적용해 월 1만3100원 만 내면 되게 했습니다.

또한, 지역가입자 보유 재산과 자동차에 매기던 건강보험료를 낮춰 부담을 줄였습니다. 재산 보험료는 재산금액 구간에 따라 과세표준액에서 500만~1200만 원을 공제한 뒤 부과됩니다. 이렇게 되면 349만 세대(재산 보험료를 내는 지역가입자의 58%)의 재산 보험료가 평균 40% 감소됩니다.

자동차에 부과된 보험료가 크게 낮아짐

가격에 비교하여 지나치게 높았던 '자동차'에 부과되었던 보험료가 낮아졌습니다. 배기량 1600cc 이하의 소형차, 9년 이상 사용한 자동차, 생계형으로 볼 수 있는 승합·화물·특수자동차는 보험료 부과 대상에서 빠졌습니다. 중·대형 승용차(3000cc 이하)에 대해서는 보험료를 30% 감액합니다. 이런 조치로 288만 세대(자동차를 보유한 지역가입자의 98%) 자동차에 매기는 건강보험료는 평균 55% 인하되었습니다.

지역가입자 세대가 보유한 재산과 자동차에 부과하던 보험료 인하로 전체 지역가입자의 78%에 해당하는 593만 세대의 보험료는 기존보다 월평균 2만2000원 줄었습니다.

고소득자는 보험료를 더 내야

월급이 7810만 원(연봉 9억3720만원)을 넘거나, 월급 이외의 다른 소득이 많은 직장인 13만4000여 명(전체 직장가입자의 1%)의 건강보험료가 인상됩니다. 고소득 직장인의 건강보험료가 오르는 이유는 월급 외 소득이 많은 경우 추가 보험료를 내는 기준이 강화되었기 때문입니다. 직장인은 근로소득을 기준으로 보험료가 부과되는데, 월급 외 고액의 이자·배당소득과 임대소득이 있으면 추가로 보험료를 냅니다. 그동안 월급 외 소득이 연간 7200만 원 초과하는 직장인에게만 부과되었지만, 2018년 7월부터 연간 3400만 원, 2022년 7월부터는 연간 2000만 원으로 기준이 바뀝니다. 고소득 직장인은 4만6000여 명(전체 직장가입자 0.3%)에서 13만 명(1.0%)으로 늘었습니다. 근로소득에 부과되는 보험료 상한액을 월 243만7000원에서 월 309만7000원으로 올렸고, 매년 조금씩 상향됩니다.

한편, 소득, 재산이 상위 2~3%인 지역가입자의 건강보험료도 오릅니다. 지역가입자 중 연소득이 3860만 원(총수입 연 3억8600만원)을 넘는 상위 2% 소득보유자와 재산과표가 5억9700만원(시가 약 12억원)이 넘는 상위 3% 재산보유자 등 32만 세대의 보험료는 소득 등급표 조정으로 인상되었습니다.

능력이 있는 '무임승차자'는 보험료를 내야

경제적 능력이 충분해도 직장가입자 건강보험에 무임승차했던 32만 세대(36만명)가 지역가입자로 전환돼 건강보험료를 냅니다. 재산과 소득 등 경제적 능력이 있는 일부 피부양자(전체 소득있는 피부양자의 13%)는 비록 부모여도 지역가입자로 바뀌어 보험료를 부담해야 합니다. 소득요건으로 연간 소득을 합산한 금액이 3400만 원(2인 가구 중위소득의 100%)을 넘는 사람은 피부양자에서 제외됩니다.

재산요건도 강화돼 재산과표 5억4000원(시가 약 11억 원 수준)을 초과하고 연간 소득도 1000만 원을 넘으면 피부양자에서 지역가입자로 전환돼 보험료를 부담해야 합니다. 다만 경제활동능력이 부족하거나 자립한 것으로 보기 어려운 만 65세 이상, 만 30세 미만, 장애인, 국가유공·보훈대상 상이자는 합산소득 3400만 원 이하, 재산과표 1억8000만 원 이하, 동거 여부 등 소득·재산·부양요건을 충족할 경우 예외적으로 피부양자로 계속 인정받을 수 있습니다.

건강보험 피부양자는 누구입니까?

최근 건강보험 피부양자 증가세가 꺾였습니다. 건강보험은 1977년부터 500인 이상 사업장 근로자에게 처음 적용된 후 점차 1인 이상 고용 사업장으로 확대되었습니다. 1988년에는 농어민에게 적용되고, 1989년에는 도시자영자를 포함한 모든 국민에게 적용되었습니다.

한국인은 건강보험과 의료급여(주로 가구 소득인정액이 기준 중위소득의 40% 이하)를 통해 의료보장을 받습니다. 국민의 97.3%가 건강보험을 적용받고, 2.7%가 의료급여를 적용받습니다.

피부양자는 얼마나 되는가

지역가입자는 가족 구성원이 모두 피보험자이고, 직장가입자는 가족 중 일부는 피보험자이고 나머지는 피부양자입니다. 직장인의 가족 구성원으로 건강보험료를 내지 않는 피부양자는 전체 건강보험 적용대상자의 약 40%에 달합니다.

2016년에 직장가입 피보험자 수가 1633만8천 명인데, 피부양자가 2033

만7천 명으로 보험료를 내지 않는 피부양자가 24%나 많습니다. 직장가입자가 있는 세대는 평균적으로 1명이 보험료를 내고 보험급여는 2.24명이 누립니다.

피부양자는 누구인가

건강보험에서 직장가입자는 사업장의 근로자 및 사용자와 공무원 및 교직원, 그 피부양자로 구성되고 지역가입자는 직장가입자를 제외한 자를 대상으로 합니다. 건강보험 대상자 중 피부양자는 직장가입자에 의하여 주로 생계를 유지하는 자로서 보수 또는 소득이 없는 자를 의미하며, 직장가입자의 배우자, 직계존속(배우자의 직계존속 포함), 직계비속(배우자의 직계비속 포함)과 그 배우자, 형제·자매를 포함합니다.

피부양자 자격의 인정기준은 다소 복잡합니다. 국민건강보험법 시행규칙 제2조에서 정한 '별표 1에 따른 부양요건'과 '별표 1의2에 따른 소득요건'을 모두 충족한 경우에만 피부양자가 될 수 있습니다. 별표 내용을 요약하면, 직장가입자의 피보험자와 함께 사는 배우자, 자녀, 부모, 형제·자매 중 일정한 소득이 없는 사람은 피부양자가 될 수 있습니다. 따로 사는 경우에는 배우자와 자녀는 피부양자가 될 수 있지만, 부모, 형제·자매 등은 스스로 부양능력이 없거나 그와 함께 사는 부양의무자가 없을 때만 피부양자로 인정을 받을 수 있습니다.

직장가입자의 형제자매 중 소득이 없으면서 미혼이거나 이혼하더라도 피부양자가 될 수 있습니다. 하지만 배우자와 '사별'한 형제자매는 보수나 소득이 없어 생활이 어렵더라도 혼인관계가 종료되지 않은 상태로 피부양자 자격을 주지 않습니다. 이 때문에 결혼에 의한 차별이라는 민원이 있지만, 형제자매 부양요건은 혼인 여부를 주요 판단 기준으로 고려하고 민법상 부양의무자의 관계를 무시할 수 없습니다.

피부양자가 되는 인정 시점은 신생아는 출생한 날, 직장가입자의 자격취득일 또는 가입자의 자격 변동일부터 90일 이내에 피부양자의 자격취득 신고를 한 경우에는 직장가입자의 자격 취득일 또는 해당 가입자의 자격 변동일입니다. 90일을 넘겨 피부양자 자격취득 신고를 한 경우에는 피부양자 자격(취득·상실) 신고서를 제출한 날입니다.

한편, 다음의 경우에 피부양자 자격을 상실합니다. 피부양자는 사망한 날의 다음 날, 대한민국의 국적을 잃은 날의 다음 날, 국내에 거주하지 아니하게 된 날의 다음 날, 직장가입자가 자격을 상실한 날, 의료급여 수급권자가 된 날, 직장가입자 또는 다른 직장가입자의 피부양자 자격을 취득한 날, 피부양자 자격을 취득한 사람이 본인의 신고에 따라 피부양자 자격 상실 신고를 한 경우에는 신고한 날의 다음 날 등에 상실하게 됩니다.

신고해야 피부양자가 될 수 있음

일반적으로 직장가입자는 직장에 취업하면 관련 담당자가 직장인 가입과 함께 피부양자취득신청도 함께 합니다. 직장인은 취업할 때 피부양자를 확인할 수 있는 가족관계등록부 등만 제출하면 됩니다. 가족관계등록부로 가족을 피부양자로 등록하고 싶거나, 직장 생활 중에 가족관계에 변경이 있는 경우에는 추가로 신청해야 합니다. 피부양자 자격취득과 상실이 어떻게 이루어지는 지를 알아두기 바랍니다.

국민건강보험공단 홈페이지에서 '자주 찾는 메뉴'를 보면, 자격득실확인서, 보험료 납부확인서, 서식자료실, 민원상담 등이 있는데, 그중 '서식자료실'을 클릭합니다.

형평성에 맞는 제도 개선

보험료를 내지 않고 건강보험 혜택을 받는 피부양자가 많을수록 형평성 문제가 불거지는 것은 물론 재정기반 또한 약해질 수밖에 없습니다. 보건복지부는 소득중심으로 건강보험료 부과체계를 개편한 개정된 법률에 따라 2018년 7월부터 2022년까지 2단계에 걸쳐 피부양자의 인정기준과 범위를 강화하고 있습니다.

건강보험료 부과체계 개편이 완료될 경우 피부양자의 2.3%인 47만명이 지역가입자로 전환될 것입니다. 누구든지 상당한 소득과 재산이 있으면 건강보험료를 내고 그렇지 못한 경우에는 피보험자의 피부양자로 등록되어 요양급여를 받는 것이 사회적 형평에 맞습니다.

비급여병원비를 인터넷으로 확인할 수 있습니다

고령화로 인한 진료행위와 건강보험이 적용되지 않는 '비급여 항목' 등으로 의료비는 줄지 않습니다. 건강보험공단에 따르면, 건강보험이 적용되지 않는 비급여 진료비가 크게 늘었습니다. 비급여 진료비는 2009년 6조2천억 원에서 2014년 11조 2천억 원으로 80%가량 늘었습니다. 또한, 건강보험 비급여율(전체 진료비에서 건강보험·본인 부담금을 뺀 비급여 진료비가 차지하는 비율)도 2009년 13.7%에서 2014년 17.1%로 증가했습니다.

실손 의료보험이 비급여율 증가 부추겨

2014년 건강보험 보장률은 63.2%(2019년에는 64.2%)로 병의원 이용자는 법정본인부담률 19.7%와 비급여 17.1% 합계인 36.8%를 부담해야 합니다. 이 내역서는 병원에서 발행한 영수증을 기준으로 산출된 것이므로 환자가 전액을 부담하는 간병비 등은 포함되지 않았습니다. 환자는 원무과에 내지 않는 간병비 등도 추가로 부담해야 합니다. 간호간병통합서비스가 확대되고 있지만, 간병비는 부담이 됩니다.

환자는 병의원을 이용할 때 비급여는 전액을 부담하고, 종합병원 등 상급종합병원으로 갈수록 비급여 항목이 많아서 부담이 커집니다. 따라서 시민은 비급여 항목을 줄이는 운동을 강력하게 펼치고, 병원마다 다른 '비급여 진료비'를 사전에 파악하여 지나치게 높은 병의원의 이용을 피해야 합니다.

건강보험공단은 15개 종합병원의 비급여 진료비를 분석하여 발표했습니다. 비급여 진료는 크게 항목비급여(로봇수술 등 비용 대비 효과가 확실하지 않은 진료로 '비급여' 코드가 부여된 진료), 기준초과비급여(횟수와 용량 등 급여 기준을 초과한 진료), 법정비급여(상급병실료, 선택진료비, 제증명료), 합의비급여(미용성형, 치과보철 등 필수적인 기능개선 목적이 아닌 진료), 미분류 비급여(현재까지 분류하지 못한 항목) 등 5가지로 유형화됩니다. 15개 종합병원 비급여 진료비를 분석하면 법정비급여가 32.9%로 가장 많고, 그 다음은 기준초과비급여(32.7%), 항목비급여(21.9%), 합의비급여(6.1%), 미분류비급여(6.2%) 등이었습니다.

비급여 진료비 항목 사전 파악해야

문제는 병원을 이용하는 환자가 '비급여 항목'을 자발적으로 선택하기 어렵다는 점입니다. 과거 선택진료는 환자가 의사를 '선택'하기보다는 병원이 권유하는 전문의의 진료를 받지 않을 수 없었습니다. 또한, 상급병실료도 병원에서 "수술환자는 1인실에 입원해야 한다"고 권유하거나 "1인병실 밖에 없다"고 말하면 다인실을 이용하는 것이 사실상 불가능합니다. 2018년부터 선택진료비는 사실상 폐지되어 환자의 부담을 줄었지만, 다른 비급여 항목은 줄지 않고 있습니다.

비급여 항목은 수가조차 통일되어 있지 않아서 종합병원 등 상급병원이 비급여로 '장사'를 한다는 비난까지 받았습니다. 건강보험심사평가원의 조사에 따르면 병원별 1인실 병실료의 경우 가장 싼 곳은 5000원인 반면 가장 비싼 곳은 45만5000원으로 최대 91배나 차이가 났고, 전국적으로 10만 원이 가장 많았습니다.

누구든지 건강보험심사평가원 홈페이지나 모바일 앱(건강정보)을 통해 병원별 비급여 진료비용을 확인할 수 있습니다. 공개 대상은 상급종합병원, 전문병원, 치과·한방병원, 151개 병상 이상 병원, 요양병원 등 의료기관 총 2천41곳입니다. 조사 대상 가운데 95.7%(1954곳)가 자료 조사에 응했습니다.

각종 증명서의 수수료를 실비로 발급해야

병의원이 발급하는 각종 증명서의 수수료도 천차만별이었습니다. 일반진단서, 사망진단서, 출생증명서, 장애진단서, 입·퇴원 확인서 등 서류 발급 수수료는 무료인 병원이 있는 반면, 터무니없는 요금으로 발급하는 병원도 있었습니다. 환자가 진료비를 낸 병원 영수증이나 처방전만으로도 증빙할 수 있는 것을 '입원진단서' 등으로 요구하는 사회적 관행도 문제입니다.

각종 증명서의 수수료가 문제가 되면서 보건복지부는 2017년 9월 21일부터 '의료기관의 제증명 수수료 상한기준'을 제시하여 모든 의료기관이 지키도록 했습니다. 예컨대, 일반진단서와 건강진단서의 발급 수수료의 최대 상한액은 2만원이며, 3주 이상 상해진단서 발급 수수료는 최대 15만원입니다. 입·퇴원확인서 발급 수수료 상한액은 3000원으로 책정됐습니다.

아울러, 시민은 병의원의 의료 오남용을 방지하기 위한 운동을 펼쳐야 합니다. 한 가지 사례로 과잉진단 논란에 휩싸인 이후 갑상선 수술을 받는 환자가 급격히 줄었습니다. 갑상선 수술은 2012년에 5만1513건에 2015년에 2만8214건으로 45.2%나 감소되었습니다. 갑상선암 환자수는 2011년에 인구 10만명당 81명으로 세계 평균의 10배 이상이었습니다. 일부 의사는 '갑상선암 과다진단 저지를 위한 의사연대'를 꾸려 건강검진에서 갑상선 초음파 검사를 중단해야 한다고 제안했습니다.

2015년 한 해 동안 한국인이 가장 많이 받은 수술은 백내장, 제왕절개, 치핵(치질) 수술이었습니다. 제왕절개가 17만 3천 명에 이른다는 것도 납득하기 어렵습니다. 자연분만을 하면 진료비가 낮아서 산부인과의사가 임산부에게 진료비가 많은 '제왕절개'를 권유한다는 비판이 큽니다. 임산부는 의사가 제왕절개를 권유하면 자신의 안전과 태아의 건강을 생각하여 수용하지 않을 수 없습니다.

시민은 평소 건강관리를 하여 병의원 이용을 줄이고, 꼭 필요한 진료만을 건강보험으로 처리하는 것이 중요합니다. 건강은 건강할 때 지키고 진료는 꼭 필요할 때 신중하게 받는 것이 좋습니다.

저소득층은 의료급여를 활용할 수 있습니다

기초생활보장 생계급여 수급자와 의료급여 수급자는 정부로부터 의료급여를 받을 수 있습니다.

의료급여 수급자의 2가지 종류

의료급여 수급자는 1종과 2종이 있습니다. 가구 소득인정액과 부양의무자의 부양비 합계액이 기준 중위소득의 40% 이하인 사람이 읍·면·동 행정복지센터에 신청하면 의료급여 수급자로 선정될 수 있습니다.

가구 구성원이 18세 미만 아동, 65세 이상 노인, 중증장애인과 같이 노동능력이 없는 사람이면 의료급여 1종을 받고, 가구 구성원중 18세 이상 65세 미만으로 노동능력이 있으면 의료급여 2종을 받습니다. 인간문화재, 북한이탈주민 등 특별한 사정이 있는 사람은 의료급여 1종으로 지정받기도 합니다.

의료급여는 통원과 입원에 따라 다름

의료급여 1종 수급자가 병원을 이용하면 일반적으로 입원료는 없고 외래시에 본인부담금이 1,500원입니다. 의료급여 2종 수급자는 입원비의 10%를 부담하고 외래시에 본인부담금이 15%입니다.

65세 이상 노인은 완전틀니(금속상, 레진상)와 부분틀니 비용에 대해 1종은 5%, 2종은 15% 본인부담금만 내면 됩니다. 틀니를 하고 싶은 사람은 먼저 주소지 관할 시·군·구청을 방문하여 등록 신청을 하기 바랍니다. 사전 등록해야 시술 전 대상자로써 적합하다는 의료급여기관과 보장기관의 판단을 받을 수 있습니다. 부분 틀니 지대치는 비급여이므로 본인이 부담해야 합니다. 일부 지방자치단체는 자체 예산으로 의료급여 수급자의 본인부담금을 지원하기도 합니다.

의료급여는 부양의무자 기준이 있음

2021년부터 생계급여 수급자에게 부양의무자 기준이 점진적으로 폐지됨에도 불구하고, 의료급여 수급자는 부양의무자 기준이 존재하여 수급자로 선정되기가 쉽지 않습니다.

생계급여 수급자 선정시에 노인가구와 한부모가구는 부양의무자 기준이 사실상 폐지되어, 가구 소득인정액이 기준 중위소득의 30% 이하일 때 수급자로 선정될 수 있습니다. 하지만 의료급여 수급자는 부양의무자 기준이 있고, 재산을 소득으로 환산할 때 생계급여 수급자보다 더 엄격한 기준을 적용받습니다. 결국 소득이 낮은 사람도 소득인정액과 부양의무자 부양비의 합계가 중위소득의 40%를 넘으면 의료급여 수급자가 될 수 없습니다.

차상위 본인부담 경감을 받을 수 있음

의료급여 수급자가 아닌 사람도 가구 소득인정액이 기준 중위소득의 50% 이하인 희귀난치성·중증질환자, 만성질환자, 18세 미만 질환자는 '차상위 본인부담 경감'을 받을 수 있습니다. 해당되는 사람은 병원 원무과나 의료사회복지사실에 본인부담 경감을 요구하기 바랍니다.

위기가구는 의료비 지원을 신청할 수 있습니다

위기가구는 병원 입원비를 내기 어려울 경우에 긴급복지 의료비지원을 신청할 수 있습니다. 가구에서 주소득자나 부소득자가 실직하거나 질병 등으로 경제적으로 어려워 의료비를 내기 어렵다면 긴급복지를 신청할 수 있습니다.

긴급복지의 수급 조건

긴급복지는 위기 상황에서 가구 소득이 기준 중위소득의 75% 이하이고, 재산기준에 맞을 때 신청하면 받을 수 있습니다. 재산기준은 금융재산이 500만 원(주거지원은 700만 원) 이하이고, 전체 재산이 6억 원(중소도시는 3.5억 원, 농어촌은 3억 원)이하일 때 받을 수 있습니다. 공부상 확인 재산(과세표준)이므로 실거래가 9억 원인 집에 살더라도 신청하면 받을 수도 있습니다.

긴급복지는 위기 상황에 처한 사람이 시·군·구에 신청하면 복지공무원이 '선지원 후조사'의 원칙을 적용하기에 소득과 재산이 기준보다 다소 많아도 받을 수 있습니다. 위기 가구가 도움을 요청하면 지방자치단체는 일단 지원하고 사후에 자산을 조사하여 지원의 적정성을 판단하기 때문입니다. 자산 조사를 하여 기준에 넘치면 지원을 중단하는데, 의료비 지원은 대체로 한 차례 이루어지기에 신청하면 받을 수 있습니다.

복지급여는 신청해야 받음

긴급복지에서 의료비지원은 가구 소득이 기준 중위소득의 75% 이하일 때 받을 수 있습니다. 복지 수급자를 선정할 때는 소득, 금융재산, 재산 기준이 별개입니다. 긴급복지에서 소득은 흔히 공적으로 확인된 근로소득이나 사업소득 등을 중심으로 파악됩니다. 다소 소득과 재산이 있더라도 병원 입원비를 내기 어렵다면 시·군·구에 지원을 신청하기 바랍니다.

병원비를 내기 전에 신청해야

긴급복지에서 의료비 지원은 본인이나 가족이 시·군·구에 신청하면 복지 공무원이 조사하여 지급여부를 결정하고, 시·군·구가 의료기관에 직접 줍니다.

병원 입원비는 환자가 지급한 후에 신청할 경우에는 지원되지 않으므로 사전에 신청해야 합니다. 의료비는 본인이 부담해야 할 돈 300만원까지를 지원합니다. 건강보험의 본인부담금뿐만 아니라 비급여 항목도 지원받을 수 있습니다. 본인부담금이 300만원에 미치지 못하면 그것만큼만 지원받고, 넘으면 300만 원까지 지원받습니다. 특별한 사정이 있으면 한

번 더 지원받을 수도 있으니, 시·군·구에 문의하기 바랍니다.

일반적으로 건강보험으로 처리된 입원비의 본인부담비율은 20%이므로 의료비 지원 300만 원은 전체 진료비 1500만 원까지 사실상 무상으로 치료받는 셈입니다. 4대 중증질환과 15세 이하 아동 입원비의 본인부담비율은 5%이므로 전체 진료비 6000만 원까지 무상 치료를 받을 수도 있습니다.

재난적 의료비 지원이 확대되었습니다

2021년부터 저소득층의 재난적 의료비 지원이 확대되었습니다. 기초생활 수급자와 차상위계층은 의료비 부담 기준금액이 80만 원 초과로, 기준 중위소득 50% 이하 가구는 160만 원 초과금액으로 의료비 부담이 확 줄었습니다.

재난적 의료비 지원의 확대

재난적 의료비 지원은 '재난적 의료비 지원에 관한 법률'에 따라 소득수준에 비하여 과도한 의료비 지출로 경제적 어려움을 겪는 국민에게 일부를 지원하여 의료이용의 접근성을 높임으로써 사회보장을 증진하고 국민건강 보호에 이바지함을 목적으로 합니다.

한국인은 건강보험이나 의료급여의 적용을 받아 의료비를 경감받습니다. 건강보험으로 입원 치료를 받으면 환자는 입원비의 20%, 외래 진료비는 의료기관의 유형에 따라 30%~60%를 부담합니다. 정부는 개인이 소득수준에 비하여 과도한 의료비 지출로 경제적 어려움을 겪는 것을 방지하기 위해 재난적 의료비 지원을 하고 있습니다.

본인부담 기준금액의 인하

재난적 의료비 지원 사업은 질병·부상 등으로 인한 치료·재활 과정에서 소득·재산 수준 등에 비춰 과도한 의료비(연소득의 15% 수준)가 발생한 경우 의료비 본인부담금의 50%를 연간 3000만원까지 지원해 주는 제도입니다. 재난적 의료비 지원 대상은 기초생활보장수급자·차상위계층과 기준 중위소득 50% 이하 가구, 중위소득 100% 이하(재산 5억4000만 원 이하)로 나뉩니다.

정부는 2021년부터 우선 지원대상자 선정기준인 의료비 부담 기준금액을 인하해 의료안전망 역할을 더욱 강화시켰습니다. 기초생활수급자와 차상위계층은 100만 원에서 80만 원 초과로, 기준 중위소득 50% 이하 가구는 200만 원에서 160만 원 초과로 확대했습니다.

퇴원 3일 전까지 신청해야

기준 중위소득은 가구원수에 따라 다른데 매년 정부가 공표합니다. 재난적 의료비 지원을 받으려면 입원 중 지원 신청할 경우 퇴원 7일 전까지에서 기초생활수급자와 차상위계층은 퇴원 3일 전까지로 완화했습니다. 이는 정부와 국민건강보험공단 간의 전산연계로 재산·소득 요건 자격 확인을 위한 행정처리 기간이 단축되었기 때문입니다. 재난적 의료비는 진료 후 180일 이내에 신청할 수 있고, 소급적용은 불가능합니다.

희귀질환에 대한 지원범위 확대

재난적 의료비 지원에서 희귀질환에 대한 지원범위가 확대됩니다. 그동안 희귀·난치질환 치료에 필수적이나 지원범위에 제외됐던 혈관용 스탠트, 카테터삽입기 등 희소·긴급 의료기기 구입비가 지원 범위에 포함되었습니다. 이에 따라 희귀·난치질환자가 한국의료기기안전정보원을 통해 건강보험에 미등재된 의료기기를 구입할 때 부담이 완화되었습니다.

교통사고라면 자동차보험을 활용합니다

자동차 사고를 당한 경우라면 일단 자동차보험으로 처리합니다. 일반적으로 자동차보험은 가해자의 보험으로 처리하는데, 쌍방과실인 경우에는 과실 비중에 따라 보험회사끼리 정산합니다.

자동차 사고가 나면 응급조치부터 해야

자동차 사고를 당하거나 낸 경우라면 일단 응급조치를 해야 합니다. 자동차 사고가 나면 2차 사고를 방지하기 위한 조치를 신속하게 취해야 합니다. 자동차 전용도로나 고속도로와 같이 차량이 많은 곳에서는 일단 차량을 두거나 갓길에 세운 후에 비상등을 켜고 안전 표지판을 설치해야 합니다. 차량 근처에 있지 말고 가드레일 밖 안전한 공간으로 가서 보험사에 신고해야 합니다.

자동차 사고는 1차 사고뿐만 아니라 2차 사고의 피해가 매우 큽니다. 차량을 길에 세워두고 차량 상태를 확인하거나, 상대 차량 운전자와 사고 책임을 따지는 과정에 후속 차량에 의해 2차 사고로 이어지는 경우도 많습니다.

가해자 보험회사에 신고 접수해야

응급조치를 마치고 신속하게 보험회사에 신고 접수를 해야 합니다. 가벼운 사고는 전화접수만으로 끝낼 수도 있지만, 인사사고나 차량에 손실이 큰 경우에는 보험회사 직원이 현장에 출동하도록 해야 합니다.

인사사고가 나면 병원에서 진단을 받도록 권유하고, 진단을 받는 것이 좋습니다. 큰 외상이 없더라도 당일이나 다음날에는 진단을 받는 것이 좋습니다. 외상이 없더라도 시간이 지나면 충격의 후유증이 나타나기 쉬운데, 진단을 받지 않으면 사고로 인한 피해라는 것을 주장하기 어렵습니다.

충분히 치료받고 종료해야

병원치료를 받을 때에는 보험회사 신고접수 번호만 확인하면 병원에서 자동차사고로 처리되고 그 다음에는 자동차 보험에서 처리해줍니다. 사고로 인한 치료는 보험회사에서 처리하고, 혹 지병(예, 고혈압, 당뇨 등)은 자기 부담으로 치료받으면 됩니다.

요즘은 자동차보험에 가입하지 않는 차량이 거의 없기에 일단 자동차보험으로 치료를 받으면 됩니다. 간혹 치료기간이 오래 걸리면 보험회사 직원이 빨리 퇴원할 것을 종용하는데, 치료가 끝날 때까지 받으면 됩니다. 치료비는 보험회사가 부담하고, 퇴원후 건강관리를 위해 별도 위로금을 받을 수도 있습니다.

운전자보험에 가입했다면 청구해야

자동차보험은 대인사고와 대물사고에 대한 보험급여가 중심입니다. 운전자가 교통사고가 발생했을 때 형사적·행정적 책임을 보장해 주는 운전자보험에 가입했다면 이를 활용할 수 있습니다. 운전자보험은 소비자가 선택할 수 있는 사보험으로 치료비 보장, 운전자가 교통사고의 가해자가 되었을 때 교통사고 처리 지원금, 벌금, 방어 비용, 면허 정지 위로금 등 교통사고 처리 부대비용까지 보장해 줍니다.

자동차 사고가 나면 운전자보험에도 연락하기 바랍니다. 일반적으로 입원 치료를 받으면 치료기간에 따라 급여가 나옵니다. 이 때문에 운전자보험에 가입한 사람이 필요 이상으로 오랫동안 입원하는 경우도 있습니다.

한국은 교통사고로 입원하는 비율이 세계에서 가장 높고, 입원 기간이 긴 나라로 알려져 있습니다. 사고가 나면 자동차보험과 운전자보험으로 처리해주기 때문입니다. 장기적인 안목에서 보면 운전자가 보험급여를 많이 타면 보험료가 올라갈 수밖에 없습니다.

어떤 보험으로 처리하는 것이 유리할까?

출퇴근 중에 자동차 사고가 났다면 자동차보험, 건강보험, 산재보험 등 어떤 것으로 처리하는 것이 유리할까요? 자동차보험이나 산재보험으로 처리하는 것이 건강보험보다 유리합니다. 사소한 사고는 건강보험으로 처리할 수도 있지만, 사고가 크면 대인사고와 대물사고가 함께 나는 경우가 많기에 자동차보험이나 산재보험으로 처리하기 바랍니다.

일반적으로 자동차보험으로 처리하는 것이 좋지만, 출장이나 출퇴근 중의 사고로 오랫동안 치료를 받아야 한다면 산재보험으로 처리하는 것이 더 유리합니다. 산재보험은 본인부담금 없이 병원 치료를 받을 수 있고, 일하지 않는 동안 휴업급여를 받으며, 장해가 생긴다면 장해급여 등을 청구할 수도 있습니다.

만약, 장해가 심하고 그것이 영구히 간다면 국민연금공단에 장애연금을 신청하기 바랍니다. 노동능력의 상실 정도를 고려하여 평생 동안 장애연금을 받을 수도 있습니다.

산재라면, 산재보험을 우선 활용합니다

산업재해는 산업재해보상보험(산재보험)을 우선 적용합니다. 직장인이 출장이나 출퇴근길에 사고를 당했다면, 산재보험으로 처리하는 것이 유리합니다.

산재보험의 적용 범위

산업재해보상보험(산재보험)은 근로자의 업무상의 재해를 신속하고 공정하게 보상하고, 재해근로자의 재활 및 사회복귀를 촉진하기 위하여 이에 필요한 보험시설을 설치·운영하며 재해예방, 기타 근로자의 복지증진을 위한 사업을 행하는 사회보험입니다.

산업재해란 사업장의 노동자가 업무상 발생하는 재해로 인해 부상, 질병, 신체장해, 사망을 당한 경우를 말합니다. 아울러 업무수행 중의 사고뿐만 아니라 사업장의 설비 미비로 인한 사고, 업무수행을 위한 출장 중에 당한 사고, 출퇴근하다 당한 사고, 작업환경이나 근무조건 등 유해요인으로 인해 생기는 질병도 산업재해로 봅니다.

산재보험은 1964년 7월 1일부터 500인 이상의 광업과 제조업 사업장 노동자에게 적용되었습니다. 이후 점차 적용사업장을 확대하여 2000년 7월부터 1인 이상을 고용하는 모든 사업장으로 확대되었습니다. 당연적용 사업장이 산재보험에 가입하지 않았더라도, 산재를 당한 노동자가 근로복지공단에 요양급여 등을 요구하면 산재처리를 받도록 되어 있습니다. 산재보험의 비용은 전액 고용주가 보험료로써 부담합니다.

산재보험의 급여 내용

산재보험의 급여는 업무상 부상 또는 질병에 대한 요양급여와 간병급여, 일하지 못한 기간에 대한 휴업급여, 치료후 폐질등급이면 상병보상연금, 치료 후 장해가 남는 경우에 장해급여, 간병급여, 사망시 그 유족에게 지급하는 유족급여와 장의비가 있습니다.

만약 직장인이나 자영업자가 산재를 당했다면 산재보험으로 처리하는 것이 건강보험보다 훨씬 유리합니다. 건강보험은 병원 입원비의 20%를 본인이 부담하고, 통원시에는 30% 이상을 부담해야 합니다. 하지만 산재보험에서 요양급여는 전액 보험으로 처리됩니다. 산재환자에게 간병인이 필요하면 간병급여를 받을 수도 있습니다. 간병인은 간호사 등 전문 인력이나 가족이 할 수 있습니다. 환자를 이송하는 비용이나 통원 치료를 받을 때 쓴 교통비도 근로복지공단에 청구하면 받을 수 있습니다.

간혹 산재를 당하면, 사용자는 일단 건강보험으로 하고 본인부담금을 회사에서 처리해주겠다고 제안하는 경우가 있습니다. 가벼운 사고는 병원비만 지급하면 되지만, 산재보험으로 처리하지 않으면 재해를 당한 사람은 후유 장애가 생겨도 장해급여 등을 받을 수 없습니다.

산재를 건강보험으로 치료받고 본인부담금을 회사가 부담해도 노동자는 손해입니다. 건강보험 보험료는 노동자와 사용자가 반씩 부담하는데, 산재보험은 전액 사용자가 부담합니다. 산재를 건강보험으로 처리하면 당연히 받을 수 있는 급여를 받지 못할 뿐 아니라 장기적으로 더 많은 건강보험료를 내야 합니다. 산재는 산재보험으로 처리하는 것이 맞습니다.

산재보험의 급여 수급 절차와 과제

산재보험은 1인 이상을 고용하는 모든 사업장이 가입하도록 되어 있습니다. 5인 미만 가사노동 등 일부 예외사업장이 있긴 하지만, 원칙적으로 거의 모든 사업장은 산재보험이 적용됩니다. 산재보험이 적용되는 사업장에서 일하는 모든 사람은 산재보험의 급여를 받을 수 있습니다. 미등록 외국인 노동자, 계약직 등 정규직이 아닌 사람도 일하다 다치거나 직업병에 걸렸다면 산재보험의 적용을 주장할 수 있습니다.

근로복지공단은 산업재해보상보험법에 의거하여 사업주로부터 보험료를 징수하여, 산재사고시 피해노동자 또는 그 가족에게 적당한 기준에 의한 서비스를 제공하고 있습니다.

산재보험은 시행 반세기를 넘기면서 산업사회에 꼭 필요한 사회보험으로 발전하고 있지만, 제도 개선이 필요합니다. 당연 가입을 하지 않는 사업장의 가입을 독려하고, 노동자가 산재보험에 대한 기초적인 지식과 권리의식을 갖도록 교육해야 합니다. 산재보험의 급여수준을 재해를 당한 노동자와 가족에게 충분하게 향상시켜야 합니다.

실손 의료보험을 활용합니다

실손 의료보험은 보험회사에서 파는 상품마다 조건이 조금씩 다릅니다. 병원에 가면 접수처 직원이 "실손 의료보험이 있어요"라고 묻고, "실비보험 하나쯤 가입해야 한다"고 권유하기도 합니다.

실손 의료보험의 정의

실손 의료보험은 국민건강보험법에 의해 발생한 의료비 중 환자 본인이 지출한 의료비를 보험가입금액 한도 내에서 보장하는 보험입니다. 정식 명칭은 의료실비보험이고, 민간 보험사가 운영하며 입원치료와 통원치료를 구분하여 치료 목적의 비용에 대하여 지급합니다.

2016년 6월 기준 전국민의 65%인 3,296만 명이 가입하여, 단일 민간 보험 상품 가운데 최고의 가입자 수를 확보하였습니다. 2017년 4월부터는 기본형과 특약형으로 구분되어, 도수치료, 체외충격파치료, 증식치료, 비급여 주사제, 비급여 MRI 검사 등은 특약형을 신청해야 받을 수 있습니다.

건강보험 본인부담금과 비급여의 지원

실손 의료보험은 보험 가입자가 실제 부담한 의료비의 일부를 보상하는 보험입니다. 질병과 상해로 인해 발생하는 의료비용 중 국민건강보험에서 보장하지 않는 비급여 부분과 본인 부담금의 일부를 보장합니다.

실손 의료보험은 정해진 금액이 아닌, 실제 치료에 들어간 비용을 보상받습니다. 국민건강보험 비급여 부분인 입원실 비용의 80%를 보장받거나, 선택형 가입 시 90%를 보장받는 방식입니다.

이 때문에 의료급여 수급자가 실손 의료보험에 가입하면 손해를 볼 수도 있습니다. 입원시 전체 진료비가 500만 원일 때 건강보험 가입자는 20%인 100만 원을 본인이 내고, 의료급여 2종 수급자는 10%인 50만 원을 냅니다. 만약 본인부담금의 80%를 실손 의료보험에서 준다면 건강보험 가입자는 80만 원을 받고, 의료급여 2종 수급자는 40만원을 받을 수 있습니다. 그렇다고 의료급여 2종 수급자의 실손 의료보험의 보험료가 낮은 것은 아닙니다. 의료급여 1종 수급자는 본인부담금이 거의 없거나 소액이기에 실손 의료보험의 효과가 거의 없습니다.

실손 의료보험 급여는 청구해야 받음

실손 의료보험은 기본적으로 입원·통원 치료비를 보장하지만, 치료 목적이 아닌 입원이나 예방접종, 건강검진 비용 등은 보상하지 않습니다. 단 의사의 임상적 소견을 받아 치료 목적으로 검사한 비용은 보상이 가능한 경우도 있습니다. 특약형의 경우 후유장해나 사망 등의 항목을 보장하는 상품도 있습니다.

실손 의료보험은 본인이 보험회사에 신청해야 받고, 보험금의 청구는 보험사의 모바일 애플리케이션을 통해 할 수도 있습니다. '실손' 보험은 본인부담금의 전액을 보상해주는 것은 아니기에 기본형에 가입한 사람은 건강보험 급여로 받는 것이 좋습니다. 특약형 가입자도 자기부담비율이 30%이고 특약 이용 횟수도 제한되어 있기에 신중하게 사용해야 합니다.

실손 의료보험은 꼭 가입해야 할까?

실손 의료보험에 가입한 사람은 잘 활용하고, 종료가 될 때에는 재가입을 신중하게 결정할 것을 권합니다. 실손 의료보험은 매년 보험료가 오르는 갱신형 보험이 일반적입니다. 가입 대상과 보장 금액, 지급 기준 등 세부 사항은 보험사에 따라 다르지만, 급여를 많이 받는 사람은 더 많은 보험료를 내야 합니다.

건강하여 병원에 갈 일이 별로 없는 연령대에는 보험료가 저렴하지만, 막상 병원에 갈 나이가 되면 보험료가 큰 부담이 됩니다. 가입 연령은 최대 65~70세 정도로 나이가 많을수록 가입이 제한되거나 보험료가 오릅니다. 65세 이상을 대상으로 하는 '노후 실손의료보험'은 일반 실손 의료보험보다 가입자가 내는 자기부담금이 큽니다. 실손 보험은 '실제 손실'을 모두 처리해주지는 못합니다.

암과 같은 질병으로 고액의료비가 들고, 입원비, 치매진단시 간병 등이 걱정이 되어 실손 의료보험을 가입했습니다. 그런데, 최근 암 등 4대 중증질환의 본인부담금은 5%로 낮추어졌고, 15세 이하 아동의 입원비의 본인부담금도 5%입니다. 건강보험의 보장율이 높아졌기에 굳이 실손 의료보험에 가입할 필요성이 낮아졌습니다.

치매보험에 꼭 가입해야 할까요?

노인이 되면 치매보험에 가입하는 사람이 많은데 굳이 그럴 필요가 없습니다. 노인은 일반건강검진을 받을 때 치매선별검사를 무상으로 받을 수 있습니다. 치매가 의심이 되면 보건소(혹은 치매안심센터)에서 치매선별검사를 받고 소견이 있으면 보건소가 추천하는 병원에서 정밀검사를 사실상 무상으로 받을 수도 있습니다. 치매 약을 먹고 보건소에 약값 영수증과 통장사본을 내면 매달 3만원까지 약값을 지원받을 수 있습니다.

건강보험공단에 요양인정신청을 하면 요양등급판정을 받아 재가급여나 시설급여를 받을 수 있습니다. 재가급여의 본인부담금은 15%인데, 소득에 따라 60%~40%를 경감 받아 월 10만원 내외로 방문요양, 방문목욕을 받을 수 있습니다. 모든 국민은 장기요양급여를 받을 수 있기에 굳이 치매보험에 가입하지 않아도 될 것입니다.

이용교

중앙대학교와 동 대학원에서 사회복지학을 전공하여 문학박사를 취득하였다. 한국복지정책연구소와 한국청소년정책연구원에서 연구위원으로 일하였고, 광주대학교 사회복지학부 교수로 재직하며, 한국복지교육원을 운영하고 '복지평론가'로 활동한다.

주요 저서로 『한국청소년복지의 현실과 대안』(1993), 『한국청소년정책론』(1995), 『재미있는 자원봉사 길라잡이』(1996), 『청소년인권 보고서』(1997), 『복지는 생활이다』(2001), 『디지털 청소년복지』(2004), 『디지털 복지시대』(2004), 『한국사회복지론』(2012), 『산티아고 가족여행』(2012), 『알아야 챙기는 복지상식』(2018), 『대한민국 복지상식』(2020), 『디지털 사회보장론』(2020), 『활기찬 노년생활』(2020), 『국민연금상식』(2020), 『디지털 사회복지학개론』(2021) 등 50여 권이 있다.

한국청소년복지학회 회장, 국제사회복지학회 회장, 글로벌청소년학회 회장, 한국지역사회학회 회장을 역임하였고, 한국사회복지학회 총무위원장, 한국사회복지교육협의회 인증분과위원장, 광주광역시사회복지사협회 회장으로 일하였다. 현재 사회보장위원회(위원장 국무총리) 위원으로 활동하고 있다.

이메일 ewelfare@hanmail.net
카페 http://cafe.daum.net/ewelfare

이 연구는 2021년도 광주대학교 대학 연구비의 지원을 받아 수행되었음

알아야 챙기는
건강보험상식

저자 · 이용교
발행인 · 이명묵
편 집 · 이현정

펴낸날 · 2021. 8. 2.
펴낸곳 · 도서출판 인간과복지
신 고 · 제 406-251002011000054 호
주 소 · 경기도 파주시 회동길 145
아시아출판문화정보센터 301호
전 화 · 02-383-0743
팩 스 · 02-382-3486
이메일 · hwbook22@daum.net
카 페 · https://cafe.daum.net/hwbook1

값 · 8,000원
ISBN 978-89-8007-221-7 03000